Bruck an der Mur,
eine Stadtgeschichte

Werner Strahalm

BRUCK AN DER MUR

EINE STADTGESCHICHTE

Edition Strahalm

Herstellung: Edition Strahalm
3. überarbeitete Auflage
Einband: XACT Werbeagentur, Graz - Knittelfeld
Abbildung am Einband: Fotostudio Remele, Bruck/Mur
Lithos: Fa. Reprotec, Judendorf/Straßengel
ISBN 3-900526-05-2

Abbildungsnachweis: Bundesdenkmalamt; Seiten 43 oben, 131, 132; Zwitkovits; Seiten 90 unten, 94, 95 unten, 98, 102.
Sämtliche übrigen Abbildung: Sammlung Strahalm; Stadtgemeinde Bruck an der Mur.

Inhalt

Anhang

Vorbemerkung

Als im Jahre 1985 die erste Auflage dieser Stadtgeschichte auf den Markt gebracht wurde, war dies seit mehr als 30 Jahren – seit Antauers Heimatbuch – wieder eine Arbeit, die die Geschichte der Stadt Bruck an der Mur bis in die neueste Zeit in einem einzigen Band darstellte.

Da sich die historische Quellenlage für das Brucker Stadtgebiet als nicht sehr günstig herausstellte, wertvolle Archivmaterialien sind verloren gegangen, so mußte auf bereits gedruckte Vorarbeiten zurückgegriffen werden, die im Laufe der Zeit in verschiedenen wissenschaftlichen Zeitschriften, Katalogen oder Einzelpublikationen erschienen sind. Diese „Stadtbibliothek" und die wenigen primären Quellen waren die Bausteine, die letztendlich zu dieser Stadtgeschichte geführt hatten.

Querverbindungen zur historisch-politischen Geschehnissen der Steiermark, bzw. von Österreich wurden in die Geschichtsdarstellungen aufgenommen, um Entwicklungen innerhalb der Stadt, die von „außen" bestimmt wurden, besser verständlich zu machen.

Eine eigene Abteilung ist den historischen Kunst- und Kulturdenkmälern gewidmet, die dem Leser diese bedeutenden Schätze der ehemals landesfürstlichen Stadt eindrucksvoll aufzeigen soll.

Die Aufgabenstellung bei der Bearbeitung der Geschichtsdaten bestand darin, ein leicht lesbares und übersichtliches Buch für jeden, der sich für diese Thematik interessiert, zu verfassen.

Daß dies gelungen ist zeigte sich in den vergangenen Jahren durch viele Gratulationen, etwa von Historikern des Landesarchives oder der Universität, und der regen Nachfrage im Buchhandel.

Es ist mir eine gern erfüllte Pflicht, mich bei Menschen und Institutionen zu bedanken, die mit hilfreicher und freundlicher Unterstützung das Werden dieses Buches erleichterten.

Ganz besonders gedankt sei den Damen und Herren der Stadtgemeinde Bruck unter Bürgermeister Bernd Rosenberger, Herrn Stadtpfarrpropst Simon Poier, den Mitarbeitern des Landesarchivs, der Landesbibliothek, der Alten Galerie, dem Bild- u. Tonarchiv und dem Bundesdenkmalamt. Nicht zu vergessen ist Herr Dr. Johann Tomaschek, Stiftsarchivar im Benediktinerstift Admont, der die Abbildungen der Urkunden mit den frühesten Nennungen der Stadt ermöglichte und dem für seine Ausführungen über das Datum 1263, das die erste Nennung Brucks als Stadt betrifft, gedankt sei.

So übergibt nun der Verlag die dritte, völlig überarbeitete, Auflage der Stadtgeschichte von Bruck an der Mur der Öffentlichkeit und hofft, daß der Band allen Freunden der Stadt neben interessanten Informationen auch Freude bereiten möge.

Der Autor

Bruck an der Mur, am 12. Juni 1997

Von den Anfängen bis zur ersten urkundlichen Erwähnung

Die Urlandschaft rund um die heutige Bezirkshauptstadt Bruck an der Mur war geprägt von Tümpeln und Altwasserläufen – entstanden durch den immer wieder wechselnden Lauf von Mur und Mürz in deren Mündungsgebiet. Für die berechtigte Annahme der Existenz des Altsteinzeitmenschen in diesem Gebiet fehlen bis heute die notwendigen wissenschaftlichen Beweise. Die kulturgeschichtliche Epoche der Steinzeit ist nahezu gleichzusetzen mit der geologischen Periode der Eiszeit. Der Mensch kannte als Jäger und Sammler keinen festen Wohnsitz, wohl jedoch hatte er Zufluchtsstätten, um in diesem rauhen Klima überleben zu können. Die Drachenhöhle bei Mixnitz und die Badlhöhle bei Peggau – beide südlich von Bruck, im Murtal – dienten einem solchen Zweck. Diese dort in der mittleren Altsteinzeit lebenden Menschen sind als älteste Vertreter der menschlichen Kultur in der Steiermark anzusehen. Folglich kann ohne weiteres angenommen werden, daß der Mensch dieser Zeit auch an der Mündung von Mur und Mürz sammelte oder jagte, bevor er in den Schutz der Drachenhöhle zurückkehrte. Hier wurden altsteinzeitliche Herdstätten sowie Spitzen und Schaber aus rohem Quarzitschiefer entdeckt.

Erste Spuren des Menschen in der Steinzeit

Die mittlere Steinzeit ist klimatisch charakterisiert durch das Ende der Vereisung. Der Mensch der nun eintretenden Wärmeperiode war zwar noch Jäger, aber er ging bereits zum Ackerbau und zur Viehzucht über. Er formte Töpfe mit freier Hand, lernte den Stein zu schleifen sowie zu bohren und hielt bereits den Hund als Haustier. Die Seßhaftigkeit schuf schließlich die Voraussetzung zur Entwicklung einer bäuerlichen Kultur. In der Jungsteinzeit schließlich wandelte der Mensch die Naturlandschaft in eine Kulturlandschaft um. Er hielt und züchtete Haustiere, benützte den vierrädrigen Wagen sowie den einfachen Pflug und erzeugte Gebrauchsgegenstände durch Steinschliff. In der Steiermark gibt es verhältnismäßig viele Siedlungen aus der Jungsteinzeit.

Jetzt tritt auch Bruck mit dem Auffinden von Zeugnissen menschlicher Kultur in das Licht der Geschichte. So wurden im Stadtgebiet das Bruchstück eines Hammerbeiles mit ovaler aufgerauhter Schlagfläche und am Pischkberg ein Steinbeil aus lichtgrauem Serpentin entdeckt.

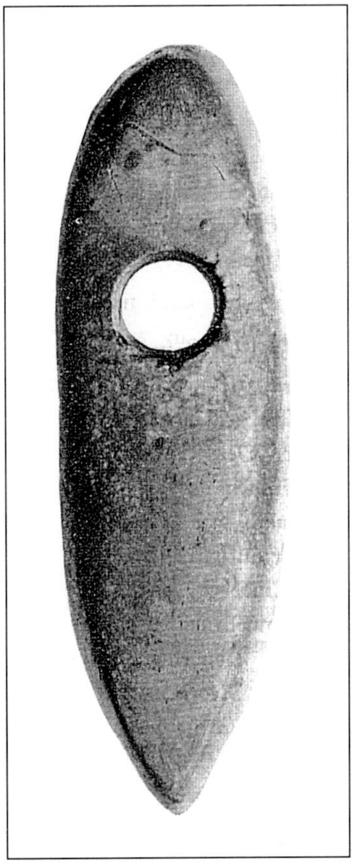

Dieses Steinbeil wurde auf dem Acker des Schlegelbauers am Pischkberg oberhalb von Bruck gefunden.

Bald nach 2000 v. Chr. brachten aus dem Süden kommende Händler die leicht zu bearbeitende Bronze in den inneralpinen Raum. Da sie aber noch relativ teuer war, blieb der mühelos herzustellende Steinhammer noch weiterhin in Gebrauch. Trotzdem konnte sich die Wirtschaft durch die Gewinnung von Metall und die Bronzeherstellung (90% Kupfer, 10%

Zinn) rasch entwickeln. Die Täler der Alpenflüsse, so auch die von Mur und Mürz, begünstigten die Verbreitung der Produkte. Die Flüsse selbst wurden als wichtige Transportwege genützt.

Bronzezeit

In der Epoche der Bronzezeit (1800 – 800/750 v. Chr.) zogen Bronzegießer durch unser Gebiet. Die Flüsse Mur und Mürz bildeten damals die natürlichen Verkehrswege. Als Beweis dafür lassen sich Bruchstücke von Lanzenspitzen, Sicheln, Beilen, Griffzungenschwertern, Messern und Reste von zwei Bronzegefäßen heranziehen, die in unmittelbarer Nähe Brucks gefunden wurden.

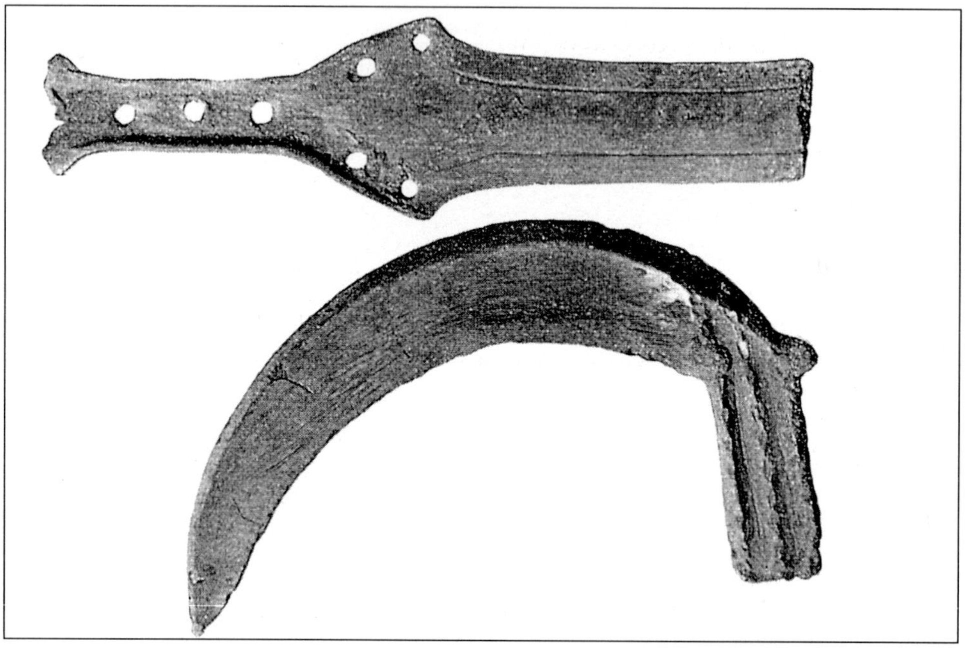

Bruchbronze aus einem Fund in Bruck.

Eisenzeit

Ende des 9. vorchristlichen Jahrhunderts bahnte sich in Mitteleuropa erneut eine Kulturwende an: die Eisenzeit (800/750 v. Chr. bis Christi Geburt). Die Bronze wurde immer mehr vom Eisen als neuem, wichtigen Werkstoff abgelöst. Durch den Kelteneinbruch wurde die illyrische Hallstattkultur schwer erschüttert, die als die bedeutende urgeschichtliche Epoche der Steiermark angesehen werden kann, beweist sie doch eine hohe kulturelle Blüte und auch den erheblichen Reichtum der herrschenden Schichten. Auch die Kelten, die sich nach den Norikern um 300 v. Chr. hier als Oberschicht einer illyrisch durchsetzten Urbevölkerung festgesetzt hatten, wußten schon mit dem in dieser Gegend reichlich vorhandenen Eisen zu arbeiten und Handel zu treiben. Die folgende Vermischung von Kelten und Illyrern führte schließlich zu einer vollkommenen völkischen Einheit und zur gänzlichen Keltisierung der Steiermark.

Königreich Noricum

Im ausgehenden 2. vorchristlichen Jahrhundert schlossen sich mehrere keltische Stämme unter der Führung der Noriker zu einem Stammesbund, dem illyrisch-keltischen Königreich Noricum zusammen – dem ersten Staatengebilde auf österreichischem Boden. Es erstreckte sich von den Quellen der Drau und der Salzach bis zur Donau und Save. Die Hauptstadt des „regium noricum“ lag wahrscheinlich auf dem Magdalensberg im heutigen Kärnten. Das Königreich, zu dem unter anderem die gesamte heutige Steiermark und Kärnten gehörten, knüpfte sehr bald Handelsbeziehungen mit dem benachbarten Römerreich. Ein Bündnisvertrag mit den Römern sollte Noricum absichern.

Eindringen der Römer

Als sich jedoch der römische Kaiser Augustus genötigt sah, das durch Stammeskämpfe unsichere Hinterland Aquileias politisch abzusichern, besetzten römische Truppen um etwa 16/15 v. Chr. Noricum, das zu schwach war, um der römischen Expansionspolitik entgegenzutreten. Diese militärische Aktion leiteten die Adoptivsöhne des Kaisers, Drusus und Tiberius.

Diese Ereignisse bedeuteten einen wesentlichen Einschnitt in der geschichtlichen und kulturellen Entwicklung der Steiermark, deren Zivilisation nun erstmals in Kontakt mit der Kultur des Mittelmeerraumes kam. Zu den ganz wichtigen Neuerungen zählten dabei die Übernahme der lateinischen Schrift, die allgemeine Verbreitung des römischen Geldwesens und des Handels sowie das Eindringen neuer Religionen.

Sofort nach der Okkupation begannen die neuen Herren mit der Romanisierung des Landes. Die einzige römische Stadt in der heutigen Steiermark, Flavia Solva (Wagna bei Leibnitz), erhielt erst unter Kaiser Flavius Vespasianus das Stadtrecht. Umgeben von Landsitzen und Villen bildete sie das Zentrum des Landes.

Römische Postkutsche (Relief aus dem 1. Jhd. n. Chr.).

Um das annektierte Gebiet wirklich auch verwalten zu können, mußte nun das gesamte Straßennetz verbessert oder gänzlich erneuert werden. Eine solche Straße führte von Aquileia ausgehend über Celeia (das heutige Cilli), Flavia Solva, am Kugelstein, Rabenstein und Adriach vorbei, das Murtal aufwärts und trat bei der ehemaligen Heiligen-Geist-Kirche in den Bereich der heutigen Stadt Bruck. An der Mündung der Mürz in die Mur dürfte sich die bei Ptolemäus erwähnte römisch-norische Siedlung Poedicum befunden haben. In der ältesten Handschrift der Wiener Hofbibliothek ist in der Weltkarte des Ptolemäus der Name in italienischer Sprache „Pedico“ eingetragen

Spätrömische Fibel in Taubenform.

Die Siedlung wird sich wahrscheinlich in der Gegend der heutigen Postwiese befunden haben, denn Gebäudereste mit römischen Heizanlagen, eine kreuzförmige Armbrustfibel (3. bis 4. Jahrhundert), ein einfaches Brandgrab und zwei römische Bronzemünzen aus dem 3. Jahrhundert, die dort entdeckt wurden, weisen auf eine römische Niederlassung hin. In der Nähe der Papierfabrik Leykam, in der Fabriksgasse, konnte ein römisches Grab mit zertrümmerten Tongefäßen und einer unkenntlichen Münze gefunden werden. Es wäre interessant zu wissen, welche Rolle der Schloßberg damals spielte, doch läßt sich dies wegen seiner späteren intensiven Verbauung heute nicht mehr feststellen.

Die Römerstraße überquerte in ihrem weiteren Verlauf kurz nach dieser Siedlung an einer Furt die Mur und zog am linken Flußufer über Oberdorf, St. Dionysen und Donawitz weiter zum Erzberg bzw. ins obere Murtal. So mancher Grab-, Gedenk-, Weg- oder Meilenstein berichtet und bezeugt die Anwesenheit der Römer in der näheren Umgebung von Bruck an der Mur.

Völkerwanderung, Ende des weströmischen Kaiserreiches (476)

Trotz der verschiedensten Neuordnungen und Reformen konnte der Niedergang des römischen Imperiums nicht aufgehalten werden. Der Einfall der Hunnen (ca. 375) löste die Völkerwanderung aus, die zum Vorboten für den Zerfall des Weltreichs von Rom wurde. Der erfolgreiche Staatsstreich (476) des germanischen Söldnerführers Odoaker bereitete dem weströmischen Kaiserreich nun tatsächlich das Ende. Aber auch er konnte dem Druck der Ostgoten unter Theoderich nicht standhalten und zog gemeinsam mit den Romanen Noricums nach Süden ab. Zurück blieb ein norisch-keltisch-romanisches Bevölkerungsgemisch.

Die Römerbrücke westlich der Stadt.

Ende des 6. Jahrhunderts begann ein neues Volk in die nun fast leeren Gebiete einzusickern: die Slawen. Die vom mongolischen Reitervolk der Awaren unterdrückten slawischen Stämme wichen in die schwer zugänglichen Täler der Alpen aus. Diese „binnen-norischen Slawen", welche aus dem Osten kommend das Drau-, Enns- und Murtal aufwärtsgezogen waren, bildeten nun das slawische Stammesherzogtum der Karantanen. Sie gründeten Einzelhöfe, Weiler sowie Dörfer und breiteten sich so nach und nach bis weit über die heutige Steiermark aus.

Slawische Besiedelung

Etwa um 600 drangen auch die Awaren in die Alpentäler vor und unterdrückten kompromißlos die hier bereits ansässigen Slawen. 623/25 kam es zu einem Aufstand böhmisch-mährischer Slawen unter der Führung des fränkischen Fernkaufmanns Samo gegen die Unterdrücker. Der siegreiche Samo errichtete in erstaunlich kurzer Zeit ein unabhängiges Slawenreich, das von Thüringen und Böhmen bis nach Kärnten reichte, und dem daher auch die Siedlung an Mur und Mürz angehörte.

Nach dem Tode Samo, zerfiel sein Reich ebenso rasch, wie es gegründet worden war, und aus Ungarn kommend stießen die Awaren erneut in unser Gebiet vor. Mit Hilfe der im Norden (Ennstal) angrenzenden Bayern gelang es nochmals, die Awaren nach Osten und Süden abzudrängen. Der Preis: die Oberhoheit der Bayern. In den nun frei gewordenen Landstrichen ließen sich jetzt bayrische Siedler nieder. Da aber einige karantanische Führer immer wieder Übergriffe auf die Bayern anzettelten, zwang Bayernherzog Tassilo III. 772 die Karantanen in ein Abhängigkeitsverhältnis zu Bayern. Damit wurde die Angliederung des karantanischen Herzogtums an die abendländische Kulturgemeinschaft eingeleitet.

Awaren, Bayern, Franken

Als der Frankenkönig Karl der Große den bayrischen Herzog absetzte und zu lebenslanger Klosterhaft verurteilte, fiel Bayern und damit auch Karantanien an das fränkische Reich und wurde dem Bistum Salzburg als Missionsgebiet zugeteilt.

Während für die Anwesenheit der Awaren in der Steiermark keine zuverlässigen Beweise existieren, läßt sich die Landnahme der Slawen vor allem durch Berg-, Orts- und Flurnamen dokumentieren. Sie siedelten meist auf Talleisten oder aber auf Schwemmkegeln der Seitenflüsse. Aus dieser Zeit stammen die Namen Pischk (von pisek, Sand), muoriza (kleine Mur), Laming (von Lomnicha, Sumpf) und auch Diemlach (alturkundlich domelac). Hier wurde ein Gräberfeld, vermutlich aus der karantanischen Zeit, entdeckt. Es enthielt zehn Skelette von Frauen, Männern und von zwei Kindern sowie mehrere Schläfenringe aus Bronzedraht.

Slawische Namen für die Mürz, Pischk und Laming

Nach der Teilung des Frankenreiches in Verdun 843 zwischen Lothar I., Karl II., dem Kahlen, und Ludwig dem Deutschen, bekam letzterer die ostfränkischen Reichslande. Er übertrug nun die Verwaltung der fränkischen Grafschaften an Adelige bayrischer Abstammung. Mit der

Grafschaftseinteilung

Einführung der bayrisch-fränkischen Verwaltungsordnung war Karantanien endgültig in die Markenorganisation des Frankenreiches eingegliedert. Auf dem Boden der heutigen Steiermark errichtete man die Grafschaft im Ennstal, die Grafschaft im Mürztal, die Grafschaft Leoben und die Grafschaft um Judenburg. In der mittleren Steiermark ist lediglich die Grafschaft Dudleben bekannt. Gleichzeitig verteilten die karolingischen Könige Grund und Boden an den deutschen Adel und an das Hochstift Salzburg, das – unterstützt durch den König – den Hauptanteil der Missionierungsarbeit leistete.

Am 20. November 860 erhielt das Erzstift Salzburg auf Bitten des Erzbischofs Adalwin von König Ludwig dem Deutschen ein riesiges Gebiet geschenkt, das Salzburg schon seit Jahren als Lehen besessen hatte.

Bruck wird am 20. November des Jahres 860 erstmals genannt: ***„ad pruccam"***

In der Schenkungsurkunde wird im Laufe namentlicher Aufzählungen der jetzt neuen Besitzungen Salzburgs auch eine curtis, ein karolingischer Herrenhof, ***„ad pruccam"*** genannt. Bruck an der Mur wird somit schon 21 Jahre vor Wien und rund 250 Jahre vor Graz das erste Mal urkundlich erwähnt.

Der Name in der Urkunde weist darauf hin, daß hier bereits seit längerer Zeit eine Brücke, wahrscheinlich auf römischen Vorbauten errichtet, bestanden haben muß, was wiederum auf ein reges Verkehrsaufkommen am Straßenschnittpunkt der wichtigen Ostwest- und Nordsüd-Verbindung schließen läßt.

Die älteste Siedlung lag bei St. Ruprecht

Diese ursprünglich bayrisch-karolingische Ansiedlung lag am rechten Murufer. Sie ist wahrscheinlich mit dem heutigen St. Ruprecht ident. Salzburg hatte also hier Grund und Boden erworben und seinem Patron, dem heiligen Rupert, eine Kirche erbaut. Die Tätigkeit Salzburgs spiegelt sich in der Namengebung wider, da der heilige Rupert – der Gründer des Salzburger Erzstiftes – in der Steiermark als Patron aller Kirchen auftritt, die Ende des 9. Jahrhunderts erbaut wurden.

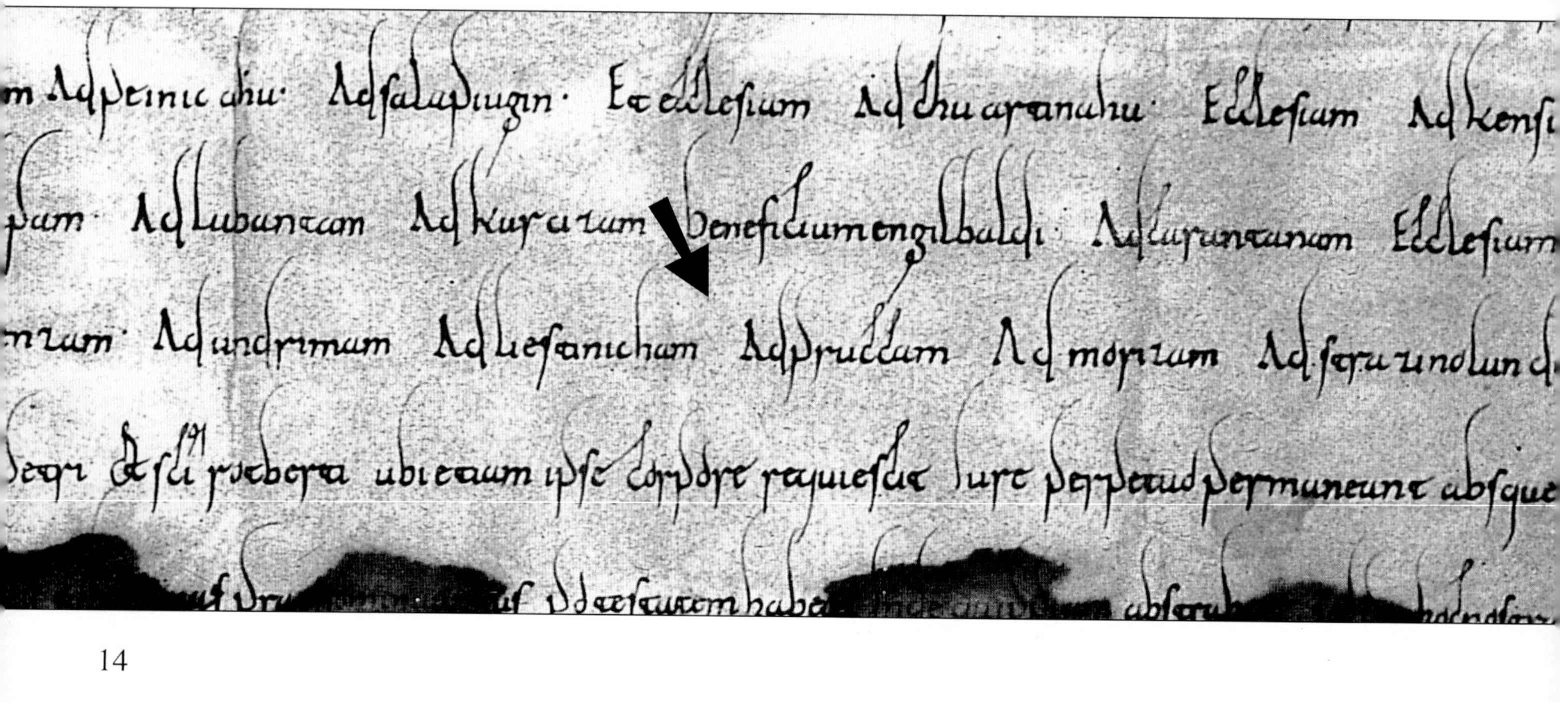

Die erste Nennung Brucks „ad pruccam" (siehe Pfeil).

Die Ereignisse bis zur Stadterhebung

Mit den Namen Prukka oder Prukke war also die Gegend um die heutige Ruprechtskirche gemeint. Diese Bezeichnungen treten von nun an immer häufiger in Urkunden auf. Meist waren dies Bestätigungsschreiben der Könige oder Kaiser an das Erzbistum Salzburg. So bestätigte König Arnulf von Kärnten im Jahre 890 dem Erzstift dessen Besitzungen, genau wie König Otto II. 982, Otto III. 984, Heinrich III. 1051 oder Heinrich IV. im Jahre 1057.

Zweite Siedlung an der Mur-Mürzmündung

In der Nähe des so oft genannten Prukka existierte aber noch eine zweite Ansiedlung, an deren Stelle der heutige Stadtkern Brucks liegt. In den Urkunden findet man dafür die alte slawische Bezeichnung „muoriza kimundi", was soviel wie Mürzmündung heißt.

Dieser Weiler befand sich ebenfalls im Besitz Salzburgs und war im Mai 927 auf der Synode von Karnburg dem Chorbischof Kotabert und seinem Vogt, dem Herzog Berchtold von Kärnten, auf Lebzeiten zur Nutzung übergeben worden. Noch im gleichen Jahr jedoch tauschte Salzburg diesen Besitz ein. Er fiel schließlich um 1074 bei oder bald nach dessen Gründung an das Stift Admont.

Entwicklung zum Handelszentrum

Die Siedlung hatte sich rasch zu einem bedeutenden Handelsplatz entwickelt. Sie lag an der Stelle, wo das in Aussee, Hall bei Admont oder Hallthal bei Mariazell gewonnene Salz angeliefert und ins untere Mur-, Mürz- und Aflenzertal weiterverfrachtet wurde. Die damals so wichtigen Märkte hielt man auf dem Gebiet der heutigen Postwiese ab, die deshalb bis ins 15. Jahrhundert die Bezeichnung „Altenmarkt" hatte.

Steirische Markeneinteilung

Nach der siegreichen Schlacht am Lechfeld gegen die Ungarn war der Boden der Steiermark von Kaiser Otto I. zum Schutze seines Reiches in drei Marken eingeteilt worden: die Mark an der mittleren Mur (auch marchia carentana), die Mark an der Drau und die Mark an der Sann. Die Mark an der Mur (erstmals 970 genannt) sollte zur Ausgangsbasis für die Entstehung der Steiermark werden. Als erster Markgraf wird ein Markwart aus dem bayrischen Geschlecht der Eppensteiner erwähnt.

Um 1050 kam die als Grenzmark errichtete marchia carentana und somit auch Bruck an der Mur an Otakar I. von Traungau.

Die Markgrafen von Traungau

Die Traungauer oder Otakare residierten anfänglich als Gaugrafen des Traungaues in Wels und in Steyr. Jetzt besaßen sie einen Länderkomplex, der von der oberösterreichischen Donau bei Linz und von der Piesting im Norden über die Niederen Tauern bis zur Mur bei Radkersburg reichte.

Ein neuer Abschnitt in der Durchsetzung der Landesherrschaft vollzog sich unter Otakar III. Der Markgraf, bisher primus inter pares, wurde zum princeps – zum unumstrittenen Landesfürsten. Durch den planmäßigen Ausbau von Graz als Zentrum des Landesfürsten entwickelte sich ein reger Handel nach Süddeutschland. Als Zugang zu diesem wichtigen Markt galt die Straßenverbindung über Bruck an der Mur und über den Schoberpaß ins Ennstal.

Siegel des letzten Traungauers, Herzog Otakars IV., dem ersten steirischen Herzog.

Als am 5. Mai 1192 Herzog Otakar IV. erst 29jährig starb, wurde der Erbvertrag mit den verwandten Babenbergern rechtskräftig. Herzog Leopold V. von Österreich und der kinderlose Traungauer hatten am 17. August 1186 auf dem Georgenberg bei Enns verschiedenste Abmachungen über die Nachfolge der Babenberger in der Steiermark getroffen, niedergeschrieben in der sogenannten „Georgenberger Handfeste". Kaiser Heinrich VI. belehnte nun Leopold mit der Steiermark, die bereits seit 1180 Herzogtum war.

Im Jahre der traungauischen Erbschaft soll der Überlieferung nach König Richard Löwenherz durch Bruck an der Mur gekommen sein. Der englische König, der am dritten Kreuzzug den österreichischen Herzog Leopold von Babenberg schwer beleidigt hatte, wollte nach einem Schiffsunglück seine Heimreise auf dem Landweg fortsetzen. Er reiste als Pilger verkleidet von Aquileia aus durch Görz, Kärnten und die Obersteiermark – folglich auch durch Bruck – nach Wien, wo er am 21. Dezember 1192 erkannt und auf Burg Dürnstein gefangengesetzt wurde.

König Richard Löwenherz von England wird in Wien gefangengenommen.

Um diese Zeit dürfte die Kirche St. Ruprecht aus der Urpfarre St. Michael an der Liesing ausgeschieden und mit Teilen der Urpfarre St. Lorenzen im Mürztal als selbständige Pfarre eingerichtet worden sein.

„Heinricus plebanus de Prukke" heißt es in einer Urkunde vom 1. August 1224. Zum ersten Mal wird hiermit ein Pfarrer mit dem Namen Heinrich in Bruck erwähnt. Doch es ist ziemlich sicher, daß die Pfarre wesentlich älter ist, denn unter den ältesten Kirchen des Landes des 9. Jahrhunderts wird eine in Bruck – gemeint ist aber St. Ruprecht –nachgewiesen.

Wichtige Privilegien von Babenbergerherzog Friedrich II.

Welche Bedeutung Bruck an der Mur schon im 13. Jahrhundert hatte, geht aus dem Privileg des Babenbergerherzogs Friedrich II. hervor, das er um 1230 diesem Ort verlieh. Von nun an durfte auf der Strecke zwischen Rottenmann und Bruck nur in den eben erwähnten Ortschaften Salz niedergelegt und in Fässer gestoßen werden. Die Salzfrächter mußten das Salz hier anbieten und verkaufen. Sie durften es nicht ins Mürztal, über den Semmering oder nach Graz bringen. Das einzige Salzniederlagsrecht innerhalb eines so großen Raumes zu besitzen bedeutete, daß ab jetzt das damals so dringend benötigte Salz in Bruck an der Mur abgeholt bzw. durch Händler aus Bruck angeliefert werden mußte.

Zusätzlich regelte der Landesherr im Neustädter Freiheitsbrief von 1241 die Mautgebühren zugunsten seiner Untertanen, namentlich für Wien, Graz, Bruck an der Mur, Leoben, Judenburg, Hainburg und Ebenfurt. Weiters führte der Herzog zum leichteren Verkehr hier eine einfache Poststation ein.

Vermutungen, Friedrich hätte das noch 1211 als Dorf bezeichnete Bruck, in dem schon um 1230 Märkte abgehalten wurden, als Stadt bezeichnet, entbehren bis heute jeglicher Grundlage.

Herzog Friedrich II. mit dem Beinamen der Streitbare fiel am 15. Juni 1246 an seinem 35. Geburtstag in der Schlacht an der Leitha gegen König

Herzog Friedrich II. fällt in der Schlacht an der Leitha.

Bela IV. von Ungarn. Das Herrschergeschlecht der beiden Herzogtümer Österreich und Steiermark war nun in seinem männlichen Stamme erloschen. Es gab keine leiblichen Erben, weder männliche noch weibliche.

Ringen um das babenbergische Erbe

Als Statthalter für die Steiermark setzte Kaiser Friedrich II. den Grafen Meinhard von Görz ein. Der Streit um das babenbergische Erbe brach aus, als der Kaiser 1250 in Apulien einem Fieber erlag, bevor er die Nachfolgefrage regeln konnte. Als Gegenspieler traten der Böhmenkönig Ottokar II. Przemysl und der ungarische König Bela IV. ins Licht der Geschichte.

Ottokar II. Przemysl, König von Böhmen.

Ottokar sicherte sich im Frühjahr durch die Hochzeit mit der Babenbergerin Margarete, der Schwester Herzog Friedrichs, die Herrschaft über das ganze Land Österreich. Aber durch den Anspruch des Böhmen auf die Steiermark kam es nun zu Zwistigkeiten mit den Ungarn, die ihrerseits mit Gertude, der Nichte des letzten Babenbergers, verbunden waren. Ende 1252 wählten die steirischen Stände den Sohn Belas, Stephan, einstimmig zum steirischen Herzog. Bruck stand also jetzt unter ungarischer Herrschaft. Ungarische Adelige, wie etwa der Banus von Slawonien, verwalteten ab jetzt das Land.

Doch die Streitigkeiten gingen weiter. Erst 1254 im Frieden von Ofen führte eine Vermittlung von Papst Innozenz IV. zu einer vorübergehenden Verständigung. Die Steiermark blieb jedoch ungarisch.

Während der ungarischen Fremdherrschaft soll sich der mittelhochdeutsche Epiker Rudolf von Ems in Bruck aufgehalten haben, wo er im Alter von etwa 54 Jahren verstorben sein soll. Er stammte aus Hohenems in Vorarlberg und diente als Ministeriale den Herren von Montfort. Seine 36.000 Verse umfassende „Weltchronik" blieb unvollendet.

Am 12. Juni 1260 gelangte Ottokar durch den siegreichen Ausgang der Schlacht von Kroisenbrunn gegen die Ungarn in den tatsächlichen Besitz der Steiermark.

Im Laufe eines Umrittes in der Obersteiermark kam der Böhmenkönig, jetzt der mächtigste Fürst des deutschen Reiches, noch im Jahre der Be-

Przemysl Ottokar in Bruck

sitzergreifung nach Bruck an der Mur. Hier fiel die strategisch und wirtschaftlich günstige Lage des Ortes an der Mündung zweier Flüsse und am Fuß eines leicht zu befestigenden Berges auf. Er befahl daher noch im selben Jahr seinem Statthalter Bischof Bruno von Olmütz, die „novella plantatio“ – also die Neupflanzung – durchzuführen.

Neuanlage und Erweiterung der Siedlung an der Mur

Bruck und Leoben, das zur selben Zeit innerhalb der Murschleife neu und nach Plan erbaut wurde, dienten dem Böhmischen als Trutzstädte. Sie waren sowohl als militärische als auch moralische Widerstandszentren gegen einen inneren Feind gedacht, der sich wider die fremde böhmische Reichspolitik auflehnen könnte.

Die Neuanlage oder die planmäßige Verstärkung der schon bestehenden Anlage erfolgte am linken Murufer, wo die Bürger durch die bereits existierende und 1264 genannte Burg den nötigen Schutz fanden. Da aber die dortigen Gründe zum größten Teil Eigentum des Benediktinerstiftes Admont waren, mußten sie erst im Tauschweg erworben werden. Am 17. August 1263 entschädigte Bischof Bruno von Olmütz im Auftrage König Ottokars das Kloster Admont unter Abt Ulrich Zant für die zur Erweiterung Brucks herangezogenen Güter durch Einkünfte zu Stadlhof und Güter in Öblarn und „Strasteten“ im Ennstal. Am 1. Mai 1265 wird für den „Verlust an Leuten“ dem Kloster Admont eine zusätzliche Entschädigung zugesprochen.

Konventsiegel des Stiftes Admont.

Das interessante an diesen beiden Urkunden, die sich heute im Archiv von Admont befinden, ist, daß in jenen Schreiben Bruck als **„oppidum“**, also bereits als **S t a d t**, bezeichnet wird. Die Nennung von Bruck als Stadt geschah also bereits 14 Jahre vor dem Jahr 1277, in dem der Habsburger Rudolf I. den Bürgern, nach der Sitte des Landes und der Zeit, die alten Freiheiten – also auch die einer Stadt – erneut bestätigte.

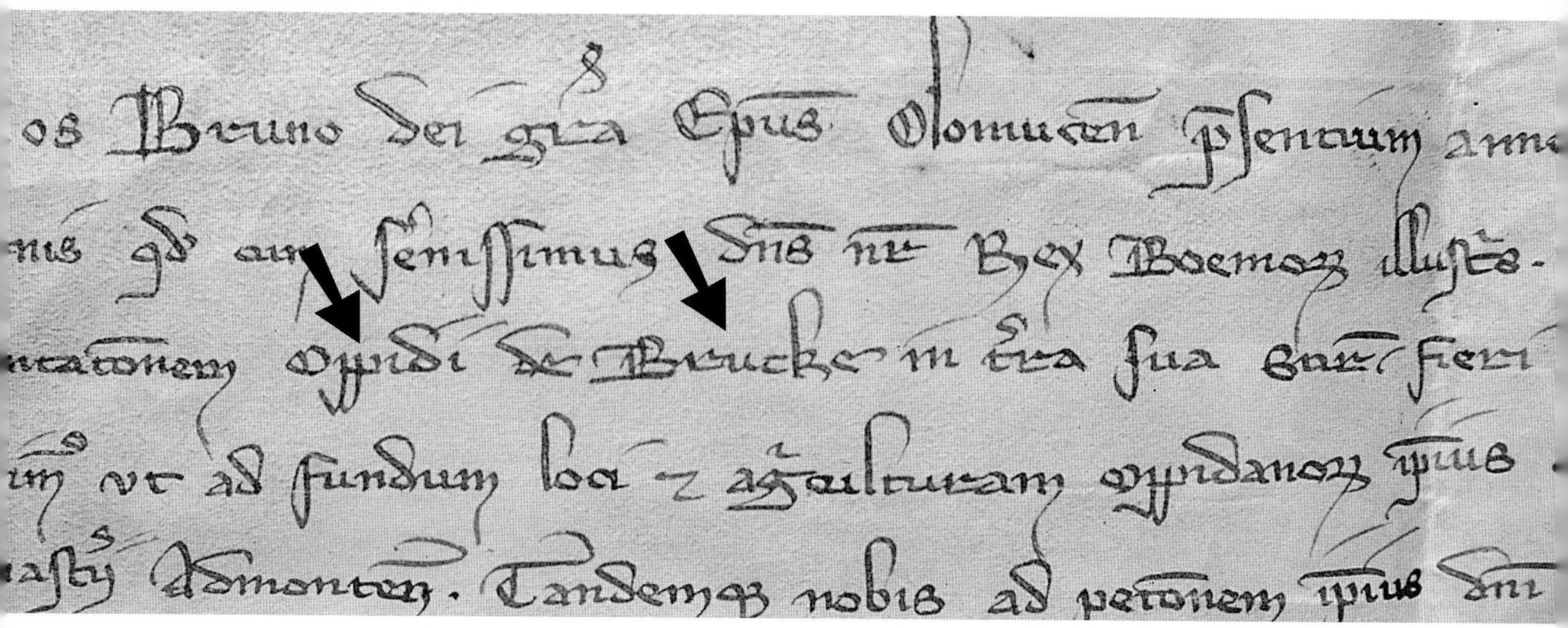

*In der Urkunde vom 17. August 1263 wird Bruck als **„oppidi de Brucke“ (Stadt Bruck)** genannt.*

Burg- und Stadthauptmann Herbrod von Bruck

Die Stadtanlage Brucks wurde vermutlich vom Truchseß des Bischofs Bruno, Herbrod von Füllstein, errichtet. Herbrod übte zumindest im Jahre 1264 in Bruck Funktionen aus, die ihm selbst so wichtig erschienen, daß er sich demnach Herbrod von Bruck nannte. Angesichts seines besonderen Vertrauensverhältnisses zum königlichen Statthalter ist wohl anzunehmen, daß Herbrod Burg- und Stadthauptmann in Bruck war, als welcher er entscheidend am Aufbau des neuen Gemeinwesens mitgewirkt haben dürfte. Die Burg war wie die Stadt landesfürstlich und wurde durch Burggrafen, Kastellane oder Pfleger verwaltet.

Im Jahre 1268, kurz nach der Neuanlage Brucks, wird ein weiterer Burghauptmann, und zwar „domino hermanno de Crotendorff castellano in Pruck" genannt. Dieser Hermann von Krottendorf taucht 1272 wiederum auf, 1277 übte Walchum von Timmersdorf dieselbe Funktion aus. Es ist daher sehr wahrscheinlich, daß die Schloßbergbefestigung gleichzeitig mit der Neuanlage Brucks zu dessen Sicherheit erbaut oder ausgebaut worden war. Laut einer nicht mehr auffindbaren Urkunde soll diese Festung bereits 1112 bestanden haben.

Otto von Bruck ist „cives et iudex", Bürger und Richter

1269 berichtet eine Belehnungsurkunde von einem gewissen Otto von Bruck, der hier „cives et iudex", also Bürger und Richter war. Die Äbtissin von Göß belehnte diesen Otto mit Gütern in der Pfarre Bruck, die nach dem Tode Heinrichs von Utsch an das Stift zurückgefallen waren. Dieser Otto wird wiederholt 1272 genannt, als der steirische Landschreiber Konrad in dessen Hause Urkunden siegelt.

Anläßlich der Neugründung Brucks errichtete man 1270 auch die heutige Propstei- und Stadtpfarrkirche Mariä Geburt und ließ innerhalb der Stadtmauern einen Friedhof um sie anlegen, 1273 sowie 1274 tritt abermals ein Pfarrer namens „Wulvingus de Stubenberch" auf.

Minoritenkloster

Bereits um 1272/73 entstand das Minoritenkloster im östlichen Teil der Stadtanlage unmittelbar neben der Stadtmauer. Die Minoriten, ein Zweig der Franziskaner, hatten am unverbauten, aber strategisch wichtigen Stadtrand an der Mürz – wahrscheinlich im Zuge der Neuanlage der Stadt – ihre Bettelordenskirche errichtet. Durch die Niederlassung der Bettelorden in den Städten stieg einerseits durch den festen Klosterbau deren Wehrhaftigkeit, da Kirche und Kloster in die Verteidigungsanlagen miteinbezogen wurden, andererseits konnte auch das zahlenmäßig stark anwachsende Bürgertum seelsorgerisch besser betreut werden.

Reichspolitisch spitzten sich inzwischen die Gegensätze zwischen dem 1273 zum König gewählten süddeutschen Grafen Rudolf von Habsburg und Przemysl Ottokar zu. Ottokar, der den Abfall seiner Nebenländer vorauszuahnen schien, versuchte diese mittels strengster Überwachung, Unterdrückung und anderen Drangsalen zu halten. Freiwillig wollte er nicht auf diese Länder verzichten. Im Juni 1276 wurde als letzter Ausweg der Reichskrieg gegen den Böhmenkönig beschlossen, und bereits Mitte September erkannten die steirischen Adeligen den neuen König Rudolf I. von Habsburg als ihren Herrn an.

Am 25. August 1277 bestätigte König Rudolf die schon von den Babenbergern verliehenen Rechte, besonders das Recht der Salzniederlage, verbunden mit allen dazugehörigen Rechten anderer Städte des Reiches, wie es in der Urkunde heißt. Gleichzeitig gab Rudolf der Stadt die Mautfreiheit innerhalb „dreier Rasten" für den Straßen- und Flußverkehr. Dies alles wurde zur Basis des wirtschaftlichen Aufschwunges der Stadt, die zu den ältesten landesfürstlichen Städten der Steiermark zählt.

Auf dem Marchfeld, zwischen Dürnkrut und Jedenspeigen, prallten am 26. August 1278 die Heere Ottokars und Rudolfs aufeinander. Das Heer des Böhmen wurde durch einen taktischen Schachzug des deutschen Königs vernichtend geschlagen, Ottokar selbst in einem der letzten Gefechte, vielleicht schon als Gefangener, durch die Schwerthiebe des Berthold von Emerberg, eines Verwandten des von ihm ermordeten steirischen Mahrenberger, getötet.

König Rudolf I. von Habsburg.

Der erste Lehrer in der Stadt Bruck, ein „Scolaris", wird bereits 1280 erwähnt. Dadurch ist die Existenz einer Schule – wahrscheinlich bei der Pfarre – nachgewiesen. Obwohl diese in den nächsten zweihundert Jahren nicht mehr bezeugt wird, ist dennoch anzunehmen, daß sie ohne Unterbrechung bestand.

Auf einer Reise nach Judenburg und Admont besuchte König Rudolf I. 1281 die junge Stadt Bruck an der Mur. 1282 wurden seine Söhne Rudolf und Albrecht gemeinsam als neue Herren „zur gesamten Hand" in die Herzogtümer Österreich, Steiermark, Kärnten, Krain und die Windische Mark eingesetzt. Die Stände protestierten heftig gegen diese Doppelherrschaft, die gegen die alten Landesfreiheiten verstieß, worauf ein Jahr später zu Rheinfelden Albrecht allein mit diesen Ländern belehnt wurde, während Rudolf lediglich eine finanzielle Abgeltung versprochen bekam.

Herzog Albrecht in Bruck

Als neuer Landesherr besuchte Albrecht 1283 und 1289 Bruck an der Mur, von wo aus er die Freiheiten der Kartause Gairach in der Untersteiermark und den Kauf von Einöd durch das Stift Admont bestätigte.

Die Einwohnerschaft einer mittelalterlichen Stadt bestand im großen und ganzen aus zwei Hauptgruppen. Während sich die Zuwanderung aus der nächsten Umgebung hauptsächlich auf die niederen Volksschichten beschränkte, bildete der Zuzug von Gebieten außerhalb der heutigen Steiermark, so etwa aus dem deutschen Raum, im allgemeinen die oberste Schicht einer Stadt.

In der Regel waren die besitzstärksten Bevölkerungsschichten auch Träger der politischen Macht. Daher übten Großkaufleute, Grundherren und reich gewordene Handwerker – alle hatten zumeist mehrfachen Hausbesitz – auch recht bald das Ratsbürgeramt aus.

Zahlenmäßig am stärksten waren die einfachen Handwerker vertreten. Sie bildeten die zweite Schicht innerhalb der städtischen hierarchischen Ordnung. Die unbedeutendste und niedrigste Stellung in der sozialen Hierarchie nahmen jene Personen ein, die niedrige Dienstleistungen versahen oder von Almosen lebten.

Handwerksgruppe. Schmied, Zimmermann, Maurer und Schneider (v. l.).

Eines der wichtigsten Vorrechte der Bürgerschaft war ein eigener Gerichtsstand vor dem Stadtrichter, die vornehmste Pflicht das rechtzeitige Abführen aller Steuern. Eine andere wichtige Verpflichtung der Bürger betraf die Sicherung ihrer Stadt nach innen und nach außen. Der pflichtgemäße Dienst mit der Waffe sollte im Verteidigungsfalle die Wehrkraft der Stadt heben. So hatten die Mitglieder der Bürgerschaft bei drohenden Gefahren auf den Stadtmauern ihren Wachdienst zu versehen oder – besonders bei Jahrmärkten – innerhalb der Stadt zu patrouillieren, um für Ruhe und Ordnung zu sorgen. Die Kosten der Ausrüstung hatte man selbst zu tragen. Auch war es Pflicht bei notwendigen Schanzarbeiten persönlich mit Krampen und Schaufel zu erscheinen und mitzuarbeiten.

Die Stadt während des Adelsaufstandes im Jahre 1292

Der neue Herzog Albrecht I. war ein ebenso energischer wie kluger Herrscher.

Das straffe Regierungsprogramm des Herzogs stieß hierzulande auf wenig Gegenliebe, zumal er den Steirern die üblichen Bestätigungen ihrer alten Rechte und Standesprivilegien immer wieder verweigerte. In Abt Heinrich von Admont, der als Landschreiber die Finanzverwaltung innehatte und ab 1286 – zum großen Ärgernis des hohen Adels – als Landeshauptmann tätig war, fand der Herzog einen kompromißlosen Vertreter seiner landesfürstlichen Interessen und getreuen Hüter der landesfürstlichen Rechte. Im Jahre 1291 kam Albrecht selbst in das Land, um – durch andauernde Kriegsrüstungen gegen Ungarn finanziell stark geschwächt – von den steirischen Ständen Geldunterstützungen zu fordern.

Die Steiermärker in Opposition gegen Albrecht I.

Diese Gelegenheit nahmen die Steiermärker wahr, um vom Herzog die noch ausständige Bestätigung ihrer alten Rechte und Priviliegien zu erwirken.

Nach mehrtägigen Beratungen des Landesfürsten mit seinen im Land verhaßten Räten und Abt Heinrich von Admont entschied sich Albrecht gegen die Wünsche des heimischen Adels. Als nun die Sprecher der steirischen Stände unter Führung des Edlen Eberhard von Walsee und des Bischofs Leopold von Seckau vor dem Herzog erschienen und ihnen das negative Ergebnis der Unterredung mitgeteilt wurde, kam es zu einem heftigen Wortwechsel. Die Stände sagten Albrecht ihren Eid und den Gehorsam auf.

Die Stände sagen Albrecht den Eid auf

Der Habsburger blieb bei seiner Haltung und zog, ohne die verlangten Gelder erhalten zu haben, in die Obersteiermark ab. In der Umgebung von Admont unterhielt er sich mit Freunden auf der Jagd, um anschließend nach Wien zurückzukehren.

Die steirischen Adeligen sahen sich nun nach Mitstreitern gegen den unbeliebten Landesfürsten um und verschworen sich Ende Dezember 1291 gemeinsam im „Landsberger Bund" gegen Albrecht. Als Haupt der Verschwörung gilt der hochfreie Graf Ulrich von Heunburg, der nach der Kärntner Herzogswürde strebte. Man hatte es nicht schwer, Mitstreiter zu finden, denn Albrecht hatte sich mit der Nichterfüllung von Synodialbeschlüssen schon so manchen Gegner geschaffen. Aber damit nicht genug. Papst Nikolaus IV., die Erzbischöfe von Aquileia und Salzburg, die Könige von Böhmen und von Ungarn, Herzog Otto von Niederbayern – sein Sohn Heinrich war als neuer steirischer Landesherr ausersehen worden –, die Eidgenossen und einige lombardische Städte schlossen sich jetzt zu einem Fürstenbund zusammen, dessen Ziel es war, die Neuordnung der

„Landsberger Bund"

Habsburger im Südosten umzustürzen, sie aus Österreich und der Steiermark sowie die Meinhardinger aus Kärnten und Tirol zu verjagen.

Kämpfe in der Obersteiermark

Im Jänner 1292 griff der Aufstand auf die Obersteiermark über. Die Verbündeten – darunter Leopold, Bischof von Seckau, Otto von Liechtenstein, Graf Ulrich von Heunburg, Friedrich und Wülfling von Stubenberg, Konrad von Sumerau, Wilhelm von Schärfenberg, Leutold von Kuenring und Otto von Weißenegg, unterstützt von Konrad III., Erzbischof von Salzburg, und dem Bayernherzog Otto – zogen mit ihren Kriegern plündernd und sengend das Ennstal hinunter. Als Oberkommandierenden

Die Stadt Bruck wird von den Verschwörern eingeschlossen, konnte jedoch nicht erobert werden.

gegen die Verbündeten ernannte Albrecht den Schweizer Hermann von Landenberg, dem er den Schutz der Obersteiermark übertrug. Unterstützung sollte er im Abt von Admont finden. Doch dieser flüchtete mit seinen Schätzen in das von ihm erbaute Schloß Gallenstein und ließ den Dingen ihren Lauf.

Die Heere des steirischen Adels und ihrer Mitstreiter verwüsteten das Stift und die Gegend um Admont, eroberten und brannten Rottenmann nieder, nahmen im Sturm die unbefestigte Stadt Leoben, zogen dann gegen die stark befestigte Stadt Bruck an der Mur weiter, die in der Nacht

Bruck wird von den Verschwörern eingeschlossen

vom 16. auf den 17. Februar 1292 eingeschlossen wurde. Durch den Aufbau von Wagenburgen und Zeltlagern rings um die Stadt konnte mit einer längeren Belagerung gerechnet werden. Noch kurz zuvor hatte Landenberg Eilboten zu Herzog Albrecht nach Wien mit der Bitte um rasche Hilfe abgesandt. Albrecht brach unverzüglich mit einem bedeutenden Heer von Wien nach Wiener Neustadt auf, wo er erfahren mußte, daß der Semmering „hoch beschneet sey". Der Herzog ließ sich von 600 (einer anderen Darstellung nach waren es 1.200) Bauern den Weg freischaufeln und zog mit seinen Leuten über den Semmering in das Mürztal.

Albrecht I. läßt im tiefen Winter den Semmering freischaufeln

Inzwischen hatte sich die Lage in Bruck zugespitzt. Lange konnte sich Landenberg mit seinen 30 Söldnern und den Bürgern der Stadt nicht mehr halten, zudem nun auch Belagerungsmaschinen vor den Festungsmauern in Stellung gebracht wurden.

Die Eingeschlossenen versuchten verzweifelt, durch Unterhandlungen die Gegner hinzuhalten und Zeit zu gewinnen. Ein glücklicher Zufall brachte es mit sich, daß nach zweiwöchiger Belagerung die bayrischen Krieger, die auf einen raschen militärischen Erfolg gehofft hatten, unruhig wurden und abziehen wollten. Unter ihrem Druck gab schließlich Herzog Otto am 3. März den Befehl zum Abzug. Dieselbe Weisung erteilte jetzt auch der Salzburger Erzbischof seinen Leuten. Die restlichen Steirer fühlten sich, von ihren Bundesgenossen verlassen, zu schwach, den Krieg alleine weiterzuführen. Sie waren gerade dabei, die Belagerung aufzuheben und abzuziehen, als Herzog Albrecht mit seinem Heer vor Bruck eintraf. Er überrannte die noch bestehenden Wagenburgen, die Stellung und das Lager der Steirer. Die Verschwörer suchten ihr Heil in der Flucht, wurden aber von Hermann von Landenberg bis Kraubath verfolgt.

Herzog Otto gibt den Befehl zum Abzug

Herzog Albrecht trifft vor Bruck ein

Bei St. Benedikten, in der Nähe Kraubaths, wurden nach einem hartnäckigen Kampf Friedrich von Stubenberg, dem ein verräterischer Diener namens Völkel von Pichl das Pferd zur Flucht verweigerte, sowie Niklas der Stadauer, Otto Moßkircher und andere von Hermann von Landenberg gefangengenommen..

Bruck war der entscheidende Wendepunkt im Kampf gegen die Aufständischen. Albrecht konnte binnen kurzer Zeit seine Herrschaft wieder aufrichten und festigen. Nur mit Salzburg ging der Streit bis zu einem Ermüdungsfrieden 1297 weiter.

Das befreite Bruck huldigte seinem Landesherrn, der nach dem Sieg in die Stadt einzog und trotz seines Erfolges so umsichtig war, am 20. März 1292 die steirischen Freiheitsbriefe zu bestätigen.

Die Stadt Bruck, die unter Landenberg das Vertrauen seines rechtmäßigen Herrn nicht enttäuscht hatte, erhielt dafür vom Herzog am 24. April 1293 neuerdings die Bestätigung der Stadterhebung durch König Rudolf I., der Salzniederlagsrechte und mehrere neue Freiheiten.

Bruck an der Mur im 14. Jahrhundert
(bis Herzog Rudolf IV., der Stifter)

König Albrecht I.

Nach der Wahl Herzog Albrechts zum deutschen König im Jahre 1298 belehnte dieser seine beiden Söhne Rudolf und Friedrich mit Österreich und der Steiermark.

Zu dieser Zeit beendete Graf Udalrich von Montfort-Fronberg um 1301 den Bau des Minoritenklosters mit der Kirche Maria im Walde in der Nähe des Grazertors.

1305 – ein Jahr vor der Wahl Rudolfs zum böhmischen König – erhielt die Stadt Bruck an der Mur das Privileg des Niederlagsrechts für einen Tag. Dieses Recht der Niederlage (auch Stapelrecht) zwang die durchziehenden Kaufleute, ihre Ballen und Säcke abzuladen, sie aufzubinden und die Waren in der Stadt für einen Tag zum Verkauf aufzustellen. Eine Umgehung Brucks am rechten Murufer war mangels einer Straße nicht möglich. Das Ausweichen von Leoben nach Frohnleiten über den sogenannten „Diebsweg“ (Gößgraben – Pöllagraben – Gamsgraben) war nicht erlaubt, und das Verbot wurde von landesfürstlichen Beauftragten streng überwacht.

Im Jahre 1320 bewilligte der infolge einer Doppelwahl (1314) zum deutschen König gewählte Friedrich III. – als Nachfolger Rudolfs seit 1306 steirischer Herzog – Bruck an der Mur sowie der Stadt Graz die Abhaltung eines Jahrmarktes zu Martini.

Schlacht bei Mühldorf

Die Entscheidung im Thronkrieg zwischen dem Habsburger Friedrich und seinem Gegenkönig Ludwig IV. von Bayern fiel 1322 in der Schlacht bei Mühldorf. Es war dies die letzte große Ritterschlacht auf deutschem Boden ohne Feuerwaffen. Friedrich wurde geschlagen, gefangengenommen und letztlich als Mitregent – jedoch ohne politische Befugnisse – anerkannt und freigelassen. Er kehrte hierauf in seine Erblande zurück, stieß aber dort auf den Ehrgeiz seiner jüngeren Brüder. Als Friedrich seinem Bruder Albrecht II. die Vorlande überließ, verlangte auch Otto seinen Anteil. Da jedoch ein großer Teil des Adels auf dessen Seite stand, berief Friedrich seinen jüngsten Bruder Heinrich nach Graz, um mit ihm die Lage zu beraten. Doch Herzog Heinrich verstarb auf der Reise dorthin am 3. Februar 1327 in Bruck an der Mur. Der junge Herzog wurde von hier in die Landeshauptstadt überführt und im Kloster der Minoriten, dem heutigen Franziskanerkloster, beigesetzt.

Herzog Heinrich stirbt in Bruck

Begünstigt von den Landesfürsten und einer glücklichen Handelslage beherbergte Bruck sehr bald mehrere jüdische Familien innerhalb seiner Mauern, die sich bereits 1327 als Hausbesitzer nachweisen lassen. Sie standen unter dem Schutz der Herren von Liechtenstein, von denen sie besteuert wurden. Durch die rege Anteilnahme am Treiben der Handelsstadt Bruck an der Mur gelang es den Juden, rasch vermögend zu werden, so daß Bürger und Adelige gegebenenfalls bei ihnen um Darlehen ansuchten.

Jüdische Familien in der Stadt

Um größere Geldsummen bereitstellen zu können, schlossen sich die Juden vielfach zu Gesellschaften zusammen, deren Teilhaber oft miteinander verwandt waren. Die Zinsen waren außerordentlich hoch, sie erreichten zu Beginn des 14. Jahrhunderts im Durchschnitt 118 %. Da daraus allzuoft Streitigkeiten entstanden, war für Rechtsgeschäfte zwischen Juden und Christen im Mittelalter ein gemischtes Gericht, das „Judengericht", zuständig. Alle privatrechtlichen Streitigkeiten zwischen Juden und Christen, auch der höheren Stände, mußten vor dieses Gericht kommen. Es bestand aus dem christlichen Judenrichter, einem angesehenen, vom Ortsherrn ernannten Beamten, der oft zugleich Verweser, Amtmann oder Stadtrichter war, und aus acht Beisitzern: vier Juden und je zwei Bürgern aus dem Rat und der „Gmein". Dazu kam noch der christliche Judenschreiber. Als erste Judenrichter lassen sich in Bruck 1375 Hainrich der Clem, 1378 und 1395 Mert der Valmhaber nachweisen.

Judenrichter

Als am 13. Jänner 1330 König Friedrich III., der Schöne, starb, verzichteten seine Brüder Albrecht II. und Otto auf die deutsche Krone, erkannten Ludwig IV. als Kaiser an und wurden darauf u. a. mit den Herzogtümern Österreich und Steiermark belehnt.

Um dem Wunsch der heimischen Bevölkerung und der zahlreichen auswärtigen Handelsleute, die durch das Niederlagsrecht gezwungen waren, in der Stadt zu übernachten, nach Bier gerecht zu werden, bewilligte Albrecht II. der Bürgerschaft von Bruck mit Schreiben vom 15. November 1347 die Errichtung von drei Bierbrauereien. Der Oberbräuer in der Leobnergasse (heute Theodor-Körner-Straße), der Unterbräuer in der Grazergasse (heute Roseggerstraße) und der Mitterbräuer in der Wienergasse (heute Herzog-Ernst-Gasse) versorgten die zahlreichen Gasthäuser der Stadt mit Bier. Das damals erzeugte Bier war schlecht und teuer, aber auch der Wein war sauer. Einerseits nahmen es die Brauer mit der Auswahl der Gerste nicht allzugenau, andererseits mußte der Hopfen aus Bayern und Böhmen teuer importiert werden. Um den Preis zu drücken, braute man liebend gerne aus Hafer. Wenn man bedenkt, daß im Mittelalter überhaupt ziemlich wenig Bier gebraut wurde, da es als Luxusgetränk galt – die vornehmsten Bürger und der Adel schenkten es nur bei größeren Festlichkeiten aus, das einfache Volk bevorzugte den billigeren Wein –, ist es verwunderlich, daß hier in Bruck gleich drei Brauherren diesem Gewerbe nachgingen.

Bewilligung von drei Bierbrauereien

Die selbe Urkunde vom 15. November verlangt vom Stadtrichter und den zwölf Räten der Stadt, den ortsansässigen Wirten den Meßbecher zum Weinausschank genau vorzuschreiben und zu kontrollieren. Bei etwaigen Übertretungen dieser landesfürstlichen Weisungen sei zugunsten der Stadtkasse abzustrafen.

Am 25. November 1355 erließ Herzog Albrecht II. mit dem Beinamen der Weise oder der Lahme eine Hausordnung, um die Frage seiner Erbfolge zu regeln. Nach seinem Tode im Juli 1358 folgte ihm sein 19-jähriger Sohn Rudolf IV. – vormundschaftlich auch für seine minderjährigen Brüder – nach.

Rudolf IV., der Stifter

Zwei Jahre vor Rudolfs Regierungsantritt hatte Kaiser Karl IV. durch das Reichsgesetz der „Goldenen Bulle" die Habsburger arg benachteiligt. Rudolf unternahm eine Gegenaktion mit Mitteln, deren sich sein Zeitalter nicht selten bediente: er ließ gefälschte Urkunden anfertigen. Das sogenannte „Privilegium maius" sollte dem Herzog von Österreich eine bevorzugte Stellung im Reich einräumen. Die Fälschung wurde jedoch erkannt, und der Kaiser – übrigens Rudolfs Schwiegervater – versagte dem Dokument die Anerkennung.

Zu dieser Zeit wurde die Nachfrage nach Eisen und Stahl immer größer. Die steirischen Hammerwerke in Vordernberg und Innerberg (heute Eisenerz) konnten den Bedarf nicht mehr decken. Aus diesem Grund entstanden in größerer Entfernung vom Erzberg Hammerwerke. So wird bereits um 1409 der „Höllhammer" erwähnt, und bald darauf dürften auch die weiteren Werke an der Laming und die Mürzhämmer vor dem Wienertor entstanden sein, die sich erstmals 1427 nachweisen lassen.

Der „Höllhammer" wird erwähnt

Wenngleich ein Landesfürst sich gegen Kriege von außen und gegen Unruhen von innen stellen und eventuell diese steuern konnte – gegen Naturkatastrophen war man machtlos. Die Stadt Bruck hatte durch Elementarereignisse oftmals schwere Zeiten und Nöte zu ertragen. Wiederholt wurden durch das Hochwasser der Mur die schwachen Holzbrücken weggerissen, wie etwa im Jahre 1316. Auch Brände, die sich fast immer zu verheerenden Großfeuern auswuchsen und ganze Stadtteile einäscherten, fügten der Bürgerschaft großen Schaden zu. Waren doch damals nahezu alle Häuser aus Holz gebaut und mit Stroh gedeckt. Bruck geriet mehrmals in eine verzweifelte Lage. Die notwendigen finanziellen Mittel für den Wiederaufbau und die Erneuerung geschädigter Einrichtungen konnten nur selten aus eigener Kraft aufgebracht werden. Durch die aktive Sozialpolitik des Landesherrn Rudolf IV. gelangte die Stadt aber immer wieder in den Genuß neuer Privilegien, die ihr vermehrte Einnahmen sicherten und Notsituationen linderten.

Hochwasser und Brände verursachen große Schäden

Aufgrund des Niederlagsrechts für Salz war Bruck zum Mittelpunkt des steirischen Salzhandels aufgestiegen. Nun entwickelte sich die Stadt durch das Privileg Rudolfs vom Februar 1360 zu einem Stapel- und Umschlagplatz für Getreide. Der Herzog verbot den Getreidefrächtern, das Murtal aufwärts weiter als bis nach Bruck Handel zu treiben, und zwang sie, ihre Waren in der Stadt niederzulegen und zum Verkauf anzubieten. Die Stadt hatte somit die gesamte Salzversorgung des Mur- und Mürztals, des Eisenbezirks um den Erzberg und der südlichen Landeshälfte in

Mittelpunkt des Salz- und Getreidehandels

der Hand, gleichzeitig die Versorgung der Salinen und Bergwerke mit Getreide.

Genehmigung des „Fürfahrtsgeldes"

1361 genehmigte Rudolf IV. den Bruckern in jenen Städten Zollfreiheit, die ihrerseits hier Zoll- oder Mautfreiheit genossen. 1364 erhielt die Stadt zur Erhaltung ihrer Brücke das „Fürfahrtsgeld" genehmigt. Die Fürfahrt mit der Pflicht des Übernachtens zwang alle Wagen und Schiffe, in der bevorrechteten Stadt durchzufahren und die Fürfahrtsgebühr oder das Brückengeld zu erlegen. Bruck durfte für jeden beladenen Wagen zwei Pfennig und für je zwei „Saumrossen" einen Pfennig als Zollgebühr einheben. Die Säumer waren Händler und Frächter in einer Person. Sie fuhren in Gruppen, und die größten Unternehmer besaßen acht bis zwölf Pferde. Unter Saum verstand man genau jene Last, die ein Pferd tragen konnte, sie war mit höchstens 160 Kilogramm festgesetzt.

Herzog Rudolf IV., Kupferstich aus „Spiegel der Ehren des Höchstloblichen Kayser- und Königlichen Erzhauses Oesterreich ... ".

Im Jahre 1365 beseitigte Herzog Rudolf die schon traditionelle Abgabenfreiheit von Adel und Klerus, die jetzt – auch wenn sie nicht ständig hier wohnten – für ihre in der Stadt befindlichen Häuser und Güter ebenso Steuern zahlen mußten wie alle anderen bürgerlichen Hausbesitzer. Dieselben Abgaben galten nun auch für alle Eigner von Äckern und Wiesen innerhalb des Burgfrieds.

Am 27. Juli desselben Jahres verstarb Herzog Rudolf IV. in Mailand, im Alter von erst 26 Jahren, ein Landesherr, der die Städte und Märkte im Interesse ihrer Wirtschaftskraft unterstützt hatte, wo es ihm nur möglich war. In der Regierung folgten zunächst in gemeinsamer Herrschaft seine Brüder Albrecht III. und Leopold III.

Bruck an der Mur unter den Leopoldinern
(1379 – 1424)

In den Jahren 1367 und 1372 reisten die neuen Herren über Bruck nach Graz. Herzog Albrecht verordnete von dort aus, daß der Detailverkauf von Schnittwaren auf Kirchtagen und Märkten in anderen Städten oder Ortschaften nur den Bürgern der österreichischen Länder, also auch den Bruckern, gestattet sei.

Erster Nachtwächter

Der erste Nachtwächter, der auch die wichtige Funktion des Feuerwächters innehatte, wird in Bruck erstmals 1374 erwähnt. Er wurde unter dem damaligen Stadtrichter Friedrich Clem eingesetzt und bestätigt.

Teilungsvertrag von Neuberg

Entgegen der Hausordnung Herzog Rudolfs teilten am 25. September 1379 im Vertrag zu Neuberg an der Mürz Albrecht und Leopold die habsburgischen Länder. Herzog Albrecht III. erhielt die Herrschaft über Österreich ober und unter der Enns, einschließlich der Stadt Steyr und des Salzkammerguts. Herzog Leopold III. wurde der weit größere, restliche Landbesitz, nämlich Steiermark, Kärnten, Krain, Tirol, die Vorlande und die Neuerwerbung im Süden an der Adria, zugesprochen, überdies erhielt er Wiener Neustadt, das Pittner Gebiet und eine beträchtliche Entschädigung von 100.000 fl. (Gulden).

Mit der Errichtung einer habsburgischen Residenz in Graz erfuhr auch das nicht weit davon entfernt liegende Bruck an der Mur einen bedeutenden Aufschwung, etwa durch vermehrten Handel oder durch so manchen Reisenden, der in den Herbergen der Stadt pausierte oder nächtigte, um dann in die Landeshauptstadt weiterzureisen.

Nach dem Tod Leopolds in der Schlacht bei Sempach gegen die Eidgenossen übernahm Albrecht III. mit der Vormundschaft über die minderjährigen Söhne seines Bruders auch die Gesamtleitung des Hauses.

Verlegung des Wochenmarktes

Er kam im Jahre 1387 der Bitte der Brucker Bürger nach und verlegte den Wochenmarkt auf den ihnen bequemeren Montag. Wann dieser Markt das erste Mal bewilligt wurde, läßt sich heute nicht mehr feststellen. Das Recht könnte der Bürgerschaft aber schon im 12. oder 13. Jahrhundert verliehen worden sein.

1393 beschwerten sich die steirischen Städte gegen den übermäßigen Erwerb von Bürgerhäusern durch Klerus, Adel und Juden, weiters, daß diese immer wieder die Steuerleistung verweigerten. Daher gebot Herzog Albrecht allen Bewohnern von Graz, Voitsberg, Bruck an der Mur, Judenburg, Rottenmann, Mürzzuschlag und Kindberg, daß ein jeder, der hier „Erbe oder Güter" besitze, davon Steuern zu bezahlen habe. Auch durfte in Bruck ohne Erlaubnis des Rates weder Gewerbe noch Handel getrieben werden.

Der Tod Albrechts III. 1395 brachte gewisse Spannungen, als der Sohn des Verstorbenen, Albrecht IV., und der älteste der leopoldinischen

Brüder, Wilhelm, als Senior des Gesamthauses Vorrechte beanspruchten. Der Vertrag von Hollenburg brachte vorerst den Ausgleich: beide Herzöge waren gleichberechtigt. Doch bereits vier Monate später, im Wiener Vertrag von 1396, beschlossen die beiden älteren Leopoldiner, Wilhelm und Leopold VI., eine Verwaltungsteilung, die das spätere Innerösterreich vorwegnehmen sollte. An Leopold fielen Tirol und die Vorlande, Wilhelm erhielt die Steiermark, Kärnten und die adriatischen Küstengebiete.

Verwaltungsteilung

Wilhelm, der sich im selben Jahr zweimal in Bruck an der Mur aufhielt, genehmigte den Bürgern der Stadt, daß bei etwaigen Rechts- oder Erbschaftsangelegenheiten nur der eigene Stadtrichter zuständig sein und nach dem Tode eines Bürgers dessen Verlassenschaft den rechtmäßigen Gläubigern und nicht wie so oft dem Herzog zufallen solle.

Eine neue Verordnung betraf die Juden in der Stadt. Diese sah vor, wenn sie für ihre steuerpflichtigen Häuser keine Abgaben zahlen wollten, sie diese binnen Jahresfrist verkaufen mußten. Als Käufer durften aber nur Christen auftreten, keine Juden. Ein von einem Juden ausgestellter Schuldbrief hatte in Zukunft vom Judenrichter und zusätzlich auch vom Stadtrichter unterzeichnet zu sein, um volle Gültigkeit zu erlangen.

Die leopoldinischen Länder galten damals noch als eine Einheit. Die vier Brüder hielten zueinander und leisteten gemeinsam den Eid des Gehorsams. Doch das Einvernehmen dauerte nur bis 1402. Wilhelm und sein Bruder Leopold trafen sich am 20. September in Bruck, um hier neue Regelungen zu treffen. Sie bestätigten im wesentlichen die Teilung der leopoldinischen Lande aus dem Jahre 1396, darüber hinaus, daß Wilhelm und Leopold gemeinsam den Landeshauptmann der Steiermark ernennen und ihr jüngerer Bruder Ernst in den Ländern Wilhelms, Friedrich in denen Leopolds mitregieren sollte. Alle diese Vereinbarungen gingen als sogenannter Vertrag von Bruck an der Mur in die Geschichte ein.

Vertrag von Bruck

Doch der Streit um die Herrschaft ging weiter, und die Regierung in der Steiermark wechselte in der Folge auf Herzog Leopold IV., der im Mai 1404 der Stadt Bruck zur Erholung der schlechten Stadtfinanzen

Herzog Friedrich IV., Herzog Leopold IV. und Herzog Wilhelm (v. l.).

einige neue Vorrechte erteilte. So erlaubte der Herzog den Bruckern „wegen ihrer treuen Dienste“ wiederum die Einhebung des Stadtzolles. Es durften von jedem Wagen, der venezianische oder andere Kaufware über die Brücke in die Stadt einführte, 12 Pfennige eingehoben werden. Ebenso wurde ein besserer Tarif auf Wein, Eisen und je „1 Roß des Inlandes“ genehmigt. Das Salz hingegen war zollfrei. Zusätzlich bestätigte Leopold am 8. Oktober erneut alle bereits vorhandenen Freiheiten und Privilegien der Stadt Bruck.

Kurze Zeit später kam es erneut zu Zerwürfnissen zwischen den Brüdern. Albrecht IV. war gestorben, und als Vormund seines minderjährigen Sohnes Albrecht V. trat bis 1406 Wilhelm auf, nach dessen Tode Leopold IV., der aber dafür, laut Ständebeschluß, seinem Bruder Ernst die Steiermark und die mit ihr verbundenen Lande überlassen mußte. Die Stände hatten damals schon sehr an Einfluß gewonnen und verlangten, daß sich Ernst und Leopold den Schiedssprüchen der landesständischen Räte fügten. Trotzdem zogen sich die Zwistigkeiten, oft zu einem blutigen Bürgerkrieg ausartend, bis 1409 bzw. 1411 hin.

Herzog Ernst baut Bruck zum Mittelpunkt des steirischen Handels aus

Ernst, mit dem Beinamen der Eiserne, einer jener Landesfürsten, die das Aufblühen der Stadt an der Mur und Mürz verständnisvoll förderten und Bruck somit zu einem Mittelpunkt des steirischen Handels ausbauten, bewilligte 1409 den Bürgern, mit Salz auf Schiffen, Flößen und Wagen bis in die Untersteiermark Handel zu treiben. Das Salz, das von Rottenmann durch das Kammertal herabkam, wurde in Bruck umgeschlagen. Die aus dem Oberland kommenden Flöße mußten hier am Schiffländ anlegen und Lendgebühr zahlen. Auf Schiffen und Flößen transportierte man das Salz weiter, murabwärts nach Graz, Radkersburg und Wernsee (heute Verzej), wo es dann schon auf die Konkurrenz des Meersalzes stieß. Dort wurde es gegen Getreide und gegen Wein eingetauscht. Neben Leoben war Bruck auch zum Zentrum des Weinhandels der Obersteiermark aufgestiegen.

In Bruck und Leoben arbeiteten Anfang des 16. Jahrhunderts drei Schiffmeister, von denen jeder ein Schiff besaß, mit dem er etwa 60 Fahrten im Jahr unternahm. Rechnet man als Normallast eines Schiffes 45 Startin zu je 525 Liter, so ergibt sich eine Menge von rund 42.000 Hektoliter Wein, die alljährlich auf der Mur in die obersteirischen Städte befördert wurden.

Der Seckauer Bischof Sigmar von Hollenegg weiht einen Zubau an der Ruprechtskirche

Einer Inschrift zufolge wurde am Sonntag vor Laurentius des Jahres 1413 ein neuer Zubau an der alten Ruprechtskirche vom Seckauer Bischof Sigmar von Hollenegg geweiht, der 1420 Rüdiger Oelhaven von Thurego als Pfarrer vorstand. Schon im Jahre 1339 war als „Rector ecclesiae“ Gottfried von Weizeneck als erster benannter Seelsorgevorsteher erwähnt worden. Eine ältere Inschrift an der Kirche bezeugt, daß diese bereits 1063 geweiht worden sein soll.

Herzog Ernst der Eiserne mit seinen Söhnen.

Die steirischen Städte und Märkte – so auch die Stadt Bruck an der Mur – beschwerten sich 1418 bei Herzog Ernst, daß Schwaben, Salzburger und andere Händler aus den Reichsstädten Innerösterreich nicht nur mit fremden Waren überschwemmten, sondern ebenso viele inländische Artikel, wie etwa Safran, Wachs, Eisen und anderes, zum Schaden heimischer Kaufleute aus dem Land ausführten oder mit diesen Waren selbst Handel trieben. Als Antwort unterfertigte der Herzog am 12. Juli 1418 ein Patent, demzufolge die ausländischen Händler in der Steiermark nicht weiter als bis nach Bruck ihren Geschäften nachgehen durften. Sie mußten ihre Waren von nun an – nach den Verordnungen des Niederlagsrechts – hier anbieten, was für die ortsansässigen Kaufleute eine besondere Begünstigung bedeutete. Zusätzlich bekräftigte Herzog Ernst die Verordnung, daß in Bruck über Rechtsangelegenheiten der Bürgerschaft niemand anderer Recht zu sprechen hätte als der eigene Stadtrichter.

Die Kirche zum Heiligen Geist

Am Fuße des Kalvarienberges, an der Stelle, wo die Schnellstraße nach Süden in Richtung Graz abbiegt, steht unscheinbar, grau in grau, die ehemalige Kirche zum Heiligen Geist. Die durch ihren eigenwilligen dreieckigen Grundriß auffallende Kirche soll der Sage nach von den Tempelrittern erbaut worden sein. Diese Annahme hat aber heute keine Berechtigung mehr. Aus der alten Stiftungsurkunde geht vielmehr hervor, daß sie vom Ruprechter Pfarrer Rüdiger Oelhaven erbaut wurde. In der Urkunde von 1422 bestimmt er, daß der Pfarrer von Bruck einen eigenen Priester zu beschäftigen habe, der „in meiner Capeln auf dem Kharner hie zu Prugg, die Ich von Neuem auferbaut und weihen hab lassen, zu den Ehren des h. Geistes alle Wochen auf den Montag ein Requiem singe“.

Im selben Jahr weihte dieser eben genannte Pfarrer Oelhaven nach einem Umbau das alte Bürgerspital und die St.-Martins-Kapelle unter Beisein des landesfürstlich beeideten Stadtrichters Erhard Kornmeß neu ein.

Das Niederlagsrecht fällt an Graz

Da der Landesherr seine Hauptstadt mit verschiedenen Privilegien ausstattete, die er aus den verschiedensten Städten hierher übertrug, verlor Bruck an der Mur im Oktober 1422 das Niederlagsrecht an Graz. Als Ersatz dafür gewährte er den Bruckern andere Begünstigungen, besonders in bezug auf den Martini-Jahrmarkt, der auf 14 Tage vor und 14 Tage nach Martini erweitert wurde. Soweit Aufzeichnungen über diesen vier Wochen andauernden Markt vorliegen, wurden hier Tuch und Leinwand süddeutscher und böhmischer Herkunft, Pelze und Lederwaren gegen Eisen, Stahl und Armbrustbogen eingetauscht. Der Umsatz war nicht allzu groß, dennoch suchten Händler aus München und Augsburg, aus Graz und der Obersteiermark zur Marktzeit die Stadt Bruck auf.

Hugo von Montfort

Am 4. April 1423 starb in Bruck an der Mur Hugo von Montfort, einer der letzten Minnesänger und Vertreter ritterlicher Dichtung in der Steiermark. Der ursprünglich aus Vorarlberg stammende Montfort hatte im Jahre 1373, als Siebzehnjähriger, die verwitwete Gräfin von Pfannberg geheiratet, sich zunächst aber weiter in seiner Heimat aufgehalten, von wo aus er auch an einer Kreuzfahrt des österreichischen Herzogs Albrecht III. gegen die damals noch immer heidnischen Preußen teilnahm und wo er seit dem Jahr 1379, nach dem Tode seines Vaters, gemeinsam mit seinem Bruder die Herrschaft übernommen hatte. Durch den Tod seiner Gemahlin – und durch zwei weitere, spätere Heiraten – in der Steiermark vermögend geworden, wählte er Pfannberg bei Frohnleiten zu seinem dauernden Aufenthalt und leitete ab 1413 eine Zeitlang als Landeshauptmann die Geschicke des Landes. Montfort, der in der Minoritenkirche seine letzte Ruhestätte fand, wollte als Ritter vom alten Schlag den Minnesang wieder aufleben lassen, doch konnte auch er dem bereits stark verbürgerlichten Leben nicht entkommen. Seine Lieder dienen keinem Minneideal mehr, sie beruhen auf Realität, obwohl sie in ihrer nüchternen Art oft von lebhaftem Charakter sind.

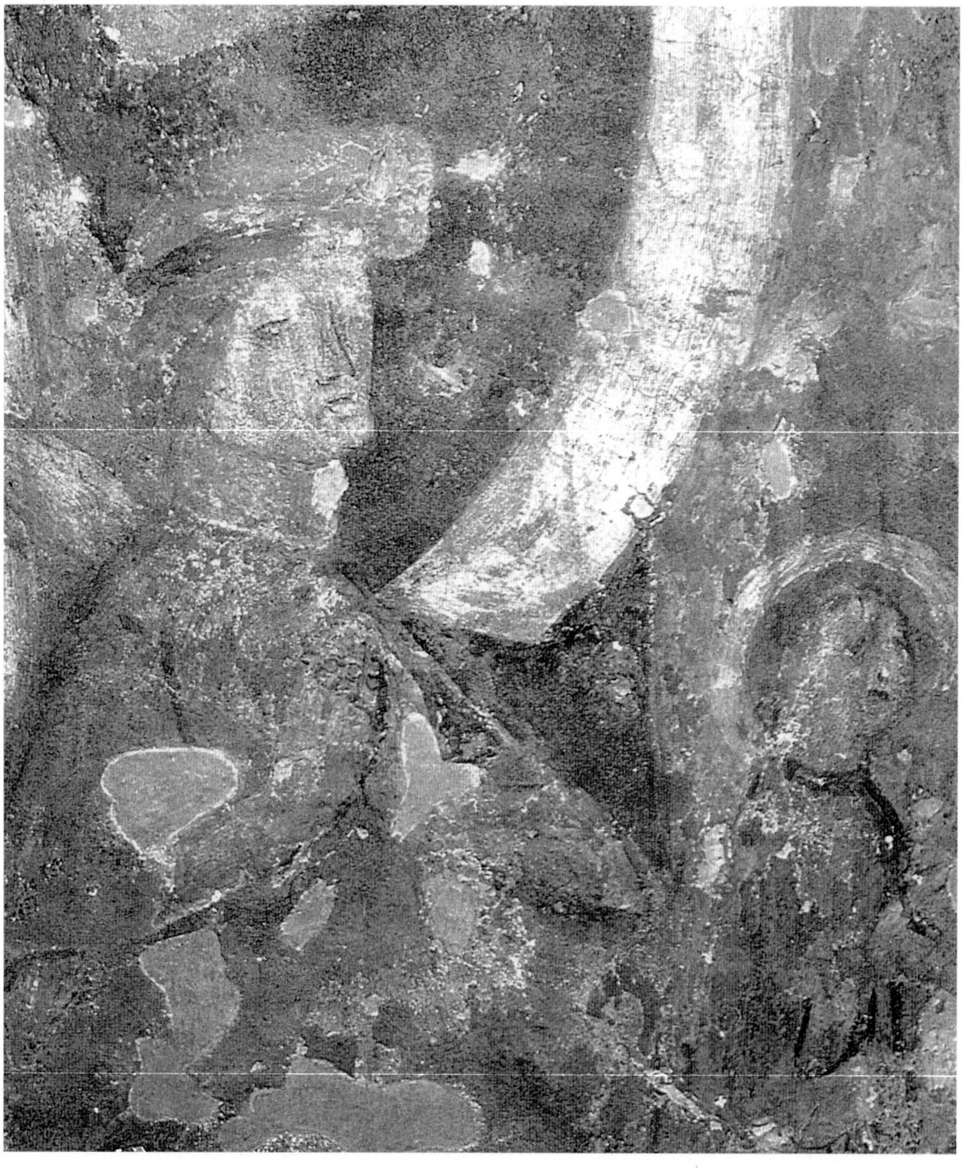

Hugo von Montfort, einer der letzten Minnesänger, bekleidete auch das Amt des steirischen Landeshauptmannes.

Am 10. Juni 1424 verstarb 47jährig Herzog Ernst der Eiserne in Bruck an der Mur. Dieser Landesfürst, der sich gerne unter Berufung auf das gefälschte „privilegium maius“ als Erzherzog bezeichnete, war der Stammvater der steirischen Linie des Hauses Habsburg, die zur Stammlinie der gesamten Dynastie werden sollte. Sein Leichnam wurde seiner eigenen Bestimmung zufolge nach Rein in die Stiftskirche überführt, seine Eingeweide in der Liebfrauenkirche am Hohen Markt in Bruck beigesetzt. An ihn erinnert ein achteckiger Marmorstein – bis 1910 vor den Hochaltarstufen, heute im Chor – mit dem österreichischen Wappen und der Umschrift: „Hic jacent viscera Ducis Ernest † 1424“.

Tumbadeckel vom Grabmal Ernst des Eisernen in der Stiftskirche von Rein.

Die Zeit bis Kaiser Maximilian I.

Herzog Ernst hinterließ seinen minderjährigen Söhnen Friedrich und Albrecht – Ernst starb bereits 1432 – einen befriedeten Länderkomplex, für den immer häufiger die Bezeichnung Innerösterreich auftrat. Des Herzogs Bruder, Friedrich von Tirol, übernahm die Vormundschaft. Er erweiterte 1428 das Fürfahrtsgeld der Stadt auf 16 Pfennige für jeden Wagen, der die Brücken passierte, damit dadurch die oft schon baufällig gewordenen Ringmauern, Türme und Gräben der Verteidigungsanlagen verstärkt oder erneuert werden konnten.

Streit um das Niederlagsrecht

Zwischen der obersteirischen Handelsstadt Bruck an der Mur und der steirischen Landeshauptstadt schwelte zu jener Zeit ein Streit um Niederlagsrechte – überhaupt um alles, was die Vorherrschaft im Handel des Landes bedeutet hätte. Zwar verlegte und erweiterte Herzog Friedrich, wie oben erwähnt, im Namen seiner Mündel die Einnahmen des Fürfahrtsgeldes nach Bruck, dafür überließ er jedoch den Grazer Bürgern das gesamte Landgericht um die Stadt herum zu einem Preis von 100 Grazer Viertel Korn pro Jahr und 100 Hühnern.

Daß Bruck an der Mur damals eine recht wohlhabende und angesehene Stadt war, beweist die Tatsache, daß die hiesige Stadtpfarre wiederholt Mitgliedern angesehener Adelsfamilien oder hohen geistlichen Würdenträgern verliehen wurde, die sich selbst jedoch nur selten in Bruck aufhielten, sondern gern als Stellvertreter einen Vikar bestellten. Auch sind mehrmals im Laufe der Geschichte Pfarrer aus Bruck auf einen Bischofssitz berufen worden.

Der Brucker Pfarrer wird Erzpriester der Obersteiermark

Im Jahre 1436 genehmigte Papst Eugen IV. über Bitte des Salzburger Erzbischofs Johann wegen des großen Umfangs der Brucker Diözese die Übertragung einer höheren Judikationsgewalt an den jeweiligen Pfarrer von Bruck, der somit zum Erzpriester (Archidiakon) der Obersteiermark aufstieg. Sein Sprengel erstreckte sich in Österreich über den sogenannten Neustädter Distrikt und in der Steiermark über die ganze Obersteiermark mit Ausnahme des Mürztales.

Friedrich, der älteste Sohn Ernsts des Eisernen, erlangte nach dem Ableben König Albrechts II. – einem Vertreter der albertinischen Linie – am 2. Februar 1440 die deutsche Königskrone. Als König Friedrich IV. trat er während einer sehr unruhigen Zeit die Regierung an.

Als neuer Herr bestätigte er 1441 gewohnheitsgemäß die Privilegien der Stadt Bruck und setzte im Dezember ein neues Fürfahrtsgeld fest, das er zwei Jahre später an Graz übertrug. 50 % der Einnahmen mußte die Landeshauptstadt jedoch an Bruck abtreten, und zwar zehn Jahre lang. 1453 gewährte Friedrich, jetzt schon Kaiser, der obersteirischen Handelsstadt ein neues Mautrecht zur Aufbesserung der Stadtfinanzen.

Pestlazarett

Obwohl Bruck an der Mur immer wieder als gesunde Stadt gepriesen wurde, blieb sie dennoch nicht gänzlich von den lebensbedrohenden Krankheiten und Seuchen des Mittelalters verschont. Zwischen 1443 und 1478 wird wiederholt das „Sundersiehhaus" oder auch „Leprosenhaus" genannt. Es dürfte damals als Pestlazarett gedient haben und lag neben der Kirche zum Heiligen Geist an der Grazerstraße.

Enea Silvio Piccolomini, der spätere Papst Pius II., besucht Bruck

Im Jahre 1444 befand sich der bedeutende Humanist und Sekretär der Reichskanzlei, Enea Silvio Piccolomini in der Steiermark. Wie aus den Briefen des späteren Papstes Pius II. hervorgeht, hielt er sich um den 13. November in der Stadt Bruck an der Mur auf. Der Kanzlist war vom Hoflager des Kaisers in Wiener Neustadt von der dort plötzlich ausbrechenden Pest hierher entflohen, wo er gerade zum Martinimarkt zurechtkam. Piccolomini schien sich in Bruck recht wohl gefühlt zu haben, denn

Enea Silvio Piccolomini vereint Eleonore von Portugal mit Kaiser Friedrich III.

er berichtet unter anderem: „Hier gibt es einen Jahrmarkt, der durch die ganze Woche des heiligen Martin zu dauern pflegt; ich laß alle Sorgen fahren und betrachte bald die Waren, die von allen Seiten hierher zusammengebracht werden, bald geh ich auf die Felder hinaus und weide mich mit ganz einzigem Glücksgefühl an den sonnigen Bergen, an den schattigen Wäldern, an den schimmernden Wellen des Flusses."

Bruck leistet seinen Beitrag zum Landesaufgebot

Bedingt durch die fortwährende Bedrohung der steirischen Grenzgebiete durch ungarische Söldnerhaufen war es in der Steiermark von 1443 bis 1462 zu insgesamt vier auf den Landtagen beschlossenen Volksaufgeboten gekommen. 1445 mußte Bruck zum Landesaufgebot gegen die Ungarn 20 Reisige, das waren gewappnete Reiter, 16 Fußknechte sowie drei Wagen stellen und ausrüsten. Ein Jahr später wieder 20 Reisige, 12 Fußknechte und zwei Wagen – eine schwere Belastung für eine Stadt mit etwa 150 Häusern. Nebenbei hatte Bruck von insgesamt 9.500 Gulden Landessteuer 1.200 Gulden aufzubringen.

Am 19. März des Jahres 1452 wurde König Friedrich IV. in Rom von Papst Nikolaus V. zum Kaiser Friedrich III. gekrönt. Es war die letzte Kaiserkrönung in Rom, sie fand drei Tage nach der Hochzeit mit Eleonore von Portugal statt. Fortan blieb die höchste Würde des Reiches, mit bloß einer einzigen Unterbrechung (durch den Wittelsbacher Karl VII. 1742 – 1745), bis zur Auflösung des Reichsverbandes im Jahre 1806 im Besitz der Habsburger.

Papst Nikolaus V. krönt Friedrich zum Kaiser.

Die übliche Bestätigung der Privilegien Brucks erfolgte 1460. Ein Jahr später brach in der Stadt ein Feuer aus, das sich zur Katastrophe entwickelte und die alte Stadtanlage größtenteils in Schutt und Asche verwandelte. Als Soforthilfe gewährte Friedrich der Stadt am 9. September, ein höheres Fürfahrtsgeld einzuheben und am 6. Oktober einen zweiten Jahrmarkt am Sonntag vor Pfingsten, mit allen Rechten und Freiheiten des Martinimarktes, abzuhalten.

Valentin Liebknecht stiftet zwei Kaplanstellen

1466 stiftete der bemittelte und hochangesehene Brucker Bürger Valentin Liebknecht, der nach dem Tode seiner Gattin Priester geworden war, zwei Kaplanstellen. Der Stifter bewilligte das Präsentationsrecht über diese neuen Benefizien dem jeweiligen Stadtpfarrer, dem Stadtrichter und den Ratsmitgliedern, welche es abwechselnd auszuüben hatten.

Grabplatte des Hans Tatz an der Südseite der Stadtpfarrkirche.

Liebknecht sowie ein Kaplan seiner Stiftung, Hans Tatz, liegen in der Liebfrauenkirche begraben.

In einer sehr mißlichen Lage befand sich zu dieser Zeit das alte Bürgerspital mit der Kirche St. Martin. Am 8. Juni 1467 stellte es der Kaiser unter seinen besonderen Schutz. Wer auch immer gegen dieses Spital oder die dazugehörigen Güter Ansprüche, Forderungen oder Klagen zu führen hatte, konnte dies nur mehr bei ihm selbst tun.

Die Bürgerschaft konnte sich nach dem verheerenden Feuer offensichtlich finanziell nicht erholen. Sie wandte sich immer wieder an den Landesherrn mit der neuerlichen Bitte um finanzielle Unterstützung. So verordnete der Kaiser am 12. März 1471, daß alle Wagen, ob beladen oder unbeladen, welche durch die Stadt kämen, hier zu übernachten hätten. Sogar der Zwang zur Nächtigung war gestattet.

1475 genehmigte Kaiser Friedrich III. dem damaligen Stadtrichter Peter Kornmeß, in seinem Hammerwerk an der Laming zwei „Feuer" zu errichten und darin Eisen zu verarbeiten. Die Privilegien des sogenannten Höllhammers wurden nach dem Erbanfall (1502) auf den Erben Pankranz Kornmeß übertragen und von Kaiser Maximilian I. im Jahre 1510 erneut bestätigt.

Baumeister Ulreich von Prugk arbeitet am Wiener Stephansdom

Nicht nur reiche Händler und Gewerbetreibende, die in Bruck lebten, überlieferten durch Verträge, Rechnungen etc. ihre Namen bis in unsere Zeit. Auch bedeutende Baumeister sicherten sich durch ihre Leistungen eine Art Unsterblichkeit. So etwa wirkte in Wien am Bau des Stephansdoms laut Kirchenmeisterrechnung von 1476 ein Ulreich von Prugk mit. Und eben dieser könnte ident mit dem Steinmetz Ulreich sein, der 1479 in Mariazell tätig war.

Freie Stadtrichterwahl

Zwei Jahrhunderte nach Verleihung des Stadtrechtes wurde der Stadtrichter von Bruck noch immer aus den Reihen der zwölf Geschworenen vom jeweiligen Landesherrn bestellt. Auf Ansuchen der Stadt genehmigte der Kaiser am 10. Jänner 1478 der Bürgerschaft, nach Ablauf der Amtsperiode des noch amtierenden Richters Peter Kornmeß, die neue freie Stadtrichterwahl. Dieser müsse aber, wenn notwendig, das Recht der Hohen Gerichtsbarkeit, also der Blutgerichtsbarkeit, vom Landesfürsten brieflich oder „unter Augen" als Lehen empfangen. Ebenso erlaubte Friedrich, daß erledigte Ratstellen zukünftig von den Bürger selbständig besetzt werden konnten. Der unbedingt notwendige Treueeid auf den Landesherrn hatte jedoch immer unmittelbar nach der Besetzung zu erfolgen.

Türkengefahr

In den siebziger Jahren des 15. Jahrhunderts machte sich schließlich sehr nachdrücklich ein Feind bemerkbar, dessen Macht durch Jahrhunderte eine Bedrohung Österreichs bleiben sollte: die Türken.

Nach der Eroberung von Byzanz (heute Istanbul) im Jahre 1453 und dem damit verbundenen Ende des Weströmischen Reiches, hatten sich die Türken in Bosnien festgesetzt und bedrohten ganz besonders Innerösterreich. Über ein Jahrzehnt wurden die Herzogtümer Steiermark, Kärnten und Krain von Türkeneinfällen heimgesucht.

Im Jahr 1480 sollte die steirische Bevölkerung durch Naturkatastrophen schwer heimgesucht werden. Zuerst fielen die gefräßigen Wanderheuschrecken ins Land ein und vernichteten in kürzester Zeit die gesamte Ernte samt der Wurzel, dann breitete sich auch noch die Pest aus und forderte unter der geplagten Bevölkerung ihre Opfer. Zu guter Letzt brachen völlig unerwartet die feindlichen Türken, so an die 30.000 Mann stark, im Sommer in die Steiermark ein.

Die Darstellung der Verschleppung einer Christenfamilie sollte die Gläubigen zum Widerstand gegen die „gottlosen" Türken mobilisieren.

Das Landplagenbild an der südlichen Außenwand des Grazer Domes dokumentiert diese damaligen Katastrophen (Heuschrecken, Pest, Türken) bis zum heutigen Tage.

Die Türken vor Bruck

Von Kärnten kommend drangen die Türken in die Obersteiermark ein und verwüsteten alle Dörfer und Höfe auf ihrem Weg durch das Murtal. Die Muselmanen brachten Elend und Verwüstung von kaum vorstellbaren Ausmaßen über das Land. Viele Bewohner, die sich nicht rechtzeitig retten und in den Wäldern verstecken konnten, wurden erschlagen oder als Sklaven verschleppt. Nachdem die Vorstadt Leobens in Flammen aufgegangen war, lagerten die Feinde vom 7. bis 10. August in unmittelbarer Nähe der Stadt Bruck. Von hier aus verwüsteten sie das Mürztal aufs furchtbarste und zogen schließlich an dem stark und gut befestigten Bruck, das die Übergabe verweigert hatte, vorbei nach Graz und über Radkersburg aus dem Land. Stadtrichter war damals Heinrich Gabelhueber, kaiserlicher Pfleger auf Landskron und damit Verteidiger des Schloßbergs war Lorenz Vogel.

Eine Notiz in einer Chronik aus Seckau schildert diesen Türkeneinfall von 1480: „Kirchen wurden verbrannt, entweiht, Priester gemordet, was alt, krank oder zu jung war oder sich wehrte, wurde getötet, Mädchen und junge Frauen sowie die rüstigen Männer in die Sklaverei verschleppt. Niemand war einen Augenblick sicher, denn die leicht beweglichen und schnellen Reiter kamen überall hin, oft noch bevor eine Warnung möglich war."

Neben den Türken bedrohten zur gleichen Zeit die Ungarn unser Land. Wegen einer politischen Ungeschicklichkeit des Kaisers fielen 1479, 1480 sowie 1481 die Ungarn unter ihrem König Matthias Corvinus in die Steiermark ein und zogen langsam gegen Wien. Corvinus, der seine Residenz von 1485 bis 1490 ins eroberte Wien verlegte, führte hier einen regelrechten Kleinkrieg. 1481 wurde die obere Steiermark bis Mariahof und Murau – aber auch die Gegend um Bruck – stark mitgenommen, bis schließlich der junge König Maximilian, Sohn des Kaisers, die Ungarn nach Corvinus' Tod (1490) aus Österreich drängen konnte.

Freie Bürgermeisterwahl, Michael Holzaphl wird Bürgermeister

Kaiser Friedrich III. bewilligte nun nach der freien Richterwahl den Bruckern am 12. März 1488 auch die freie Wahl des Bürgermeisters. Dieser hatte samt Richter und Rat zukünftig das Recht, alle Urkunden und Sendschreiben mit rotem Wachs zu siegeln. Der erste frei gewählte Bürgermeister, der uns bekannt ist, ist Michael Holzaphl, ein Schwager des Pankraz Kornmeß, der im Jahre 1500 das Amt im Rathaus übernahm.

Neben seiner Tätigkeit in der Stadtverwaltung als seiner wichtigsten Aufgabe, trat der Bürgermeister als Leiter und Sprecher des Rates auf,

Wappen des Bürgermeisters Michael Holzaphl.

von dem er bis ins 18. Jahrhundert abhängig war. Die einjährige Amtszeit des Bürgermeisters und Stadtrichters lief alljährlich am Sonntag vor St. Thomas (d. i. der 21. Dezember) ab. Zu Beginn des neuen Jahres führte die Bürgerschaft Neuwahlen durch. Die Verleihung des Wahlrechtes für Richter und Bürgermeister spricht deutlich für den Umfang, den die Stadtgeschäfte angenommen hatten. Dem Bürgermeister, der die Verwaltung der Stadt führte, und dem Stadtrichter, dem das Gerichtswesen oblag, stand als angesehener Beamter der Stadtschreiber, der älteste nachweisbare Angestellte des mittelalterlichen Beamtenkörpers, zur Seite. Er hatte die Ratsprotokolle zu schreiben, Kaufverträge und andere Urkunden zu verfassen, in Zivilgerichts- und Strafsachen führte er das Protokoll des Stadtgerichts. Der Stadtschreiber übte durch seine kontinuierliche und langzeitliche Tätigkeit und der daraus resultierenden Erfahrung einen nicht zu unterschätzenden Einfluß auf die oft rasch wechselnde Spitze der Stadtverwaltung aus. Als erster Stadtschreiber wird in Bruck Christoph Schintelegger genannt. Gemeinsam mit Bürgermeister, Richter und Rat wurden auch der Viertelmeister, Torsperrer, Forstner, Spitalmeister, Lazarettvater, Stadtbaumeister und der Kirchenprobst gewählt.

Stadtverwaltung

Bildnisrelief aus Terrakotta des Christoph Schintelegger (1541).

Wieder Türken vor der Stadt

Nach ihrem ersten Einfall von 1480 zogen die Türken ein zweites Mal 1492 durch das Murtal an der Stadt Bruck vorbei, nachdem sie Kammern total verwüstet hatten.

Tod des Kaisers

Im folgenden Jahr, am 19. August 1493, starb Kaiser Friedrich III. in Linz im Alter von 77 Jahren – wahrscheinlich an den Folgen eines nächtlichen Schlaganfalles. Bereits zwei Monate zuvor war dem Kaiser infolge eines Wundbrandes ein Bein abgenommen worden. Unter seiner langen Regierungszeit fielen die im Jahre 1379 geteilten österreichischen Länder nach dem Tode des letzten Sprosses der albertinischen Linie, Ladislaus Postumus, 1457 wieder zusammen. Maximilian, der Sohn Kaiser Friedrichs, übernahm nun als Alleinherrscher die Regierung im Reich und seinen Erblanden. Noch im selben Jahr bestätigte dieser nach hergebrachter Sitte alle Rechte und Freiheiten der Stadt Bruck an der Mur, nachdem er schon 1491 das Fürfahrtsgeld und den Brückenzoll genehmigt hatte.

Zwei Wundärzte amputieren das linke Bein Friedrichs III.

Die Einflüsse der Reformation
(bis zum Tode Kaiser Ferdinands I. 1564)

Maximilian, der im Jahre 1493 Oberhaupt des Hauses Habsburg wurde und bereits 1486 zum römischen König gewählt worden war, blieb einerseits den Idealen des mittelalterlichen Rittertums treu, andererseits verkörperte er bereits den Renaissancefürsten. Er übernahm eine Hausmacht, die ungleich größer und bedeutender war als die seiner Vorgänger.

Kaiser Maximilian I. von Habsburg, der letzte Ritter.

Eines der ersten Probleme, mit denen sich Maximilian konfrontiert sah, war das Judenproblem. Die steirischen Landstände beeilten sich nach dem Tode Kaiser Friedrichs bei dessen Sohn Maximilian gegen eine kräftige Abschlagszahlung für den landesfürstlichen Steuerentgang die endgültige Vertreibung der Juden aus der Steiermark durchzusetzen. Die Juden, die sich durch Wucher und ihre Geschäftspraktiken im ganzen Land verhaßt gemacht hatten, wurden von Maximilian auf Drängen der steirischen Landstände 1496 auf „ewige Zeit" aus dem Lande und somit auch aus Bruck ausgewiesen. Die steirischen Stände erlegten dafür in drei Teilzahlungen 38.000 fl. (Pfund Pfennige), die Maximilian für seine Kriege dringend benötigte. Der Landtag begründete diesen Schritt mit Hostienschändung, Ritualmorden sowie Fälschungen von Schuldbriefen und Siegel.

Zwischen den Jahren 1499 und 1505 entstand auf dem Hauptplatz von Bruck das herrliche und reichgegliederte spätgotische Kornmesserhaus. Als Bauherr trat der reiche und angesehene Bürger Pankraz Kornmeß auf. Die mitunter aufgetretene Ansicht, dieses Haus sei einst der „Fürstenhof" oder der „Herzogshof" gewesen, konnte einwandfrei widerlegt werden. Trotz seiner Pracht ist und bleibt es ein Bürgerhaus.

Wie eine nicht ganz verbürgte Überlieferung berichtet, soll die prächtige Sakristeitür in der heutigen Stadtpfarrkirche aus dem Kornmesserhaus stammen, was den Stilformen nach immerhin möglich wäre.

Neben ihrer Tätigkeit in der Stadtverwaltung waren die Kornmeß Eisenerzeuger und Eisenhändler. Der reiche und begüterte Handelsherr Peter Kornmeß betrieb einen schwunghaften Eisenhandel mit Italien und kannte die guten Absatzmöglichkeiten am Venediger Markt. Dies kann auch von seinem prachtliebenden Sohn Pankraz angenommen werden, der das herrliche Haus nach italienischem Vorbild erbauen ließ.

Die gotische Sakristeitüre in der Stadtpfarrkirche.

Gewerke Sebald Pögl

Auch die Gewerkefamilie Pögl, von frühkapitalistischen Ideen erfüllt, begann in Bruck ihren Aufstieg. Ihre Waffenschmiede in Thörl stellte um die Wende des 15. zum 16. Jahrhundert einen Großbetrieb industrieller Art dar, und Sebald Pögl, einer der tätigsten Mitarbeiter Kaiser Maximilians bei der Schöpfung des neuen Artillerieparks, kann wahrscheinlich als Pionier der Waffenschmiedekunst der beginnenden Neuzeit bezeichnet werden.

Pfarrverlegung von St. Ruprecht zur Liebfrauenkirche

Es ist heute nicht mehr möglich, genau zu ermitteln, wann die Verlegung der Stadtpfarre von St. Ruprecht in die jetzige Stadtpfarrkirche stattfand. Höchstwahrscheinlich zu Ende des 15. Jahrhunderts, denn noch 1482 befand sich – laut dementsprechenden Aufzeichnungen – die Pfarre bei St. Ruprecht. Im Jahre 1502 hingegen wird schon die Liebfrauenkirche innerhalb der Mauern als Stadtpfarrkirche erwähnt. Ebenso ging das Archidiakonat „superioris Styriae“ an die Liebfrauenkirche. Die Pfarre bestand im gesamten aus fünf Benefizen, zwei davon wurden ja bekanntlich von Valentin Liebknecht gestiftet, die nun vereint wurden.

Die Arkaden des Kornmesserhauses.

Ältere Wappendarstellungen (16. Jhd.) zeigen nicht immer den Panther auf der Brücke, wie er heute auf dem Brucker Wappen zu sehen ist.

Der Wohlstand in Bruck an der Mur hatte zu dieser Zeit zweifelsohne seinen Höhepunkt erreicht. Außer angesehenen Handelsherren und Hammergewerken befanden sich auch zahlreiche Handwerkermeister unter den Bürgern der Stadt. Welch großes Ansehen und Wichtigkeit die Schmiedemeister, besonders die Waffenschmiede, zu dieser Zeit besaßen, zeigt das Privileg Maximilians, das er am „Pfingsttag vor dem heiligen Palmtag" (das ist der Donnerstag vor dem Palmsonntag – es war der 6. April) des Jahres 1503 erließ. Er erlaubte den Schmieden, auf ihre Waren ein „sonnder Wartzaichen" zu schlagen, nachdem der Magistrat und der Zechmeister die fertigen Produkte geprüft und für gut befunden hatten. Dieses Zeichen entspricht dem heutigen Brucker Stadtwappen. Die Urkunde ist nur als Kopie überliefert, doch im Text wird es wie folgt beschrieben:

„... ainen schildte, durch die mitten gethailt, das ober grün und das vndter thaill stainfarb, darinnen ain stainene pruckh mit zwayen thurmen vnnd vier schwigpögen, dadurch ain fliessend wasser lauffend, vnnd aus derselben pruckhen entspringend ain vorderthaill aines weissen pandter mit seinen fur sich gereckhten pranckhen vnnd aufgeschlagner fewern zungen ..."

Aus dem weiteren Text der Kopie geht hervor, daß das Wappen im Original farbig tingiert und in der Mitte der Urkunde aufgemalt war. Es handelt sich also um ein echtes Wappen, das „redene" eine Brücke zeigt. Gleichzeitig durften sich nun, mit obrigkeitlicher Erlaubnis, verschiedene Zünfte und Handwerksinnungen bilden. Ab jetzt sollten auch die Brucker Meister und Gesellen in anderen Orten alle Handwerksrechte, Freiheiten und Vorzüge genießen.

Schmiedemeister und Geselle beim Bearbeiten eines Eisenstückes.

Im Jahre 1508 ließ sich Maximilian im Dom von Trient durch den Bischof von Gurk – mit päpstlicher Zustimmung – zum „erwählten römischen Kaiser“ ausrufen. Die Kaiserkrönung in Trient war deshalb notwendig geworden, weil die Venezianer Maximilian den Durchzug durch ihre Gebiete nach Rom verwehrt hatten.

Bereits 1501 hatte Maximilian in Wiener Neustadt das Hofgericht errichtet, das seit 1502 auch landesfürstliches Kammergericht genannt wurde. Dies erregte den Unwillen der Landtage, denn das neue Kollegium entschied, was Regiment (= die Regierung) und Raitkammer (= die Finanzbehörde) nicht gütig beilegen konnten. Auf Drängen seiner Länder – der Kaiser brauchte deren finanzielle und militärische Macht gegen Venedig – gab dieser teilweise nach. Am Generallandtag in Bruck an der Mur vom April 1510 wurde das verhaßte Kammergericht aufgelöst.

Generallandtag in Bruck

Wichtige Angelegenheiten veranlaßten die innerösterreichischen Stände, gemeinsame Beratungen durchzuführen. In den meisten Fällen galten sie der Bewilligung von Kriegskrediten. Solche Landtagshandlungen fanden nicht selten in Bruck statt, so auch der erste nachweisbare Landtag der Steiermark 1396. Die Stadt wurde im allgemeinen wegen ihres gesunden Klimas und ihrer zentralen Lage gerne als Versammlungsort gewählt. In der Zeit von 1515 bis 1578 hielten die Stände nicht weniger als 15 Tagungen hier ab. Bruck wurde dadurch zum Mittelpunkt des politischen Interesses innerhalb der innerösterreichischen Länder und war sogar längere Zeit Sitz der höchsten Landesbehörden.

Wichtiger Tagungsort.

Landtag gegen den untersteirischen Bauernaufstand

1515 empörten sich im Süden des Landes Bauern der Herrschaft Gottschee gegen ihren Pfandinhaber. Dieser Aufstand verbreitete sich rasch über Kärnten und die Südsteiermark bis in die Grazer Gegend. Zwecks Beratungen bezüglich des Aufstandes wurde in Bruck noch im selben Jahr ein Landtag einberufen, der sich mit dem Problem befassen sollte. Zudem setzte der Kaiser im Jahre 1518 hier einen Kriegsrat ein, dem die Leitung der Landesverteidigung gegen die immer wieder auftretende Türkengefahr eingeräumt wurde.

Die aufständischen Bauern werden ohne Gnade verfolgt.

Ende des 15. und Anfang des 16. Jahrhunderts hatte das aufstrebende Bürgertum einen neuen Stand im Landtag gebildet. Städte und Märkte waren jetzt als dritter Stand zugelassen. So nennen nun schriftliche Aufzeichnungen auch Brucker Ratsbürger als Vertreter ihrer Standes. Namentlich werden bei den Generallandtagen in Innsbruck 1518 und 1525 sowie 1526 in Augsburg Benedikt Huber und Niklas Daucher aus Bruck an der Mur genannt.

Kaiser Maximilian I., der am 12. Jänner 1519 im 60. Lebensjahr verstarb, hinterließ drei Enkelkinder: Karl, Ferdinand und Maria, die Kinder seines Sohnes Philipp († 1506). In der letzten Zeit seiner Regierung hatte sich der Kaiser noch sehr intensiv um die Wahl Karls zum römischen König bemüht. Nach seinem Tode schien es jedoch völlig ungewiß, ob ein Habsburger diese Krone auch weiterhin tragen würde. Einigen deutschen Fürsten war Ferdinand viel sympathischer als der undurchschaubare Karl. Außerdem war gerade bei dieser Kaiserwahl die Anzahl der Kandidaten beträchtlich.

Generallandtag

Kurz nach dem Tode des Kaisers kam es zu einem Generallandtag aller innerösterreichischen Länder, der vom 13. bis zum 27. März 1519 in Bruck an der Mur tagte, zu dem auch Tirol und Niederösterreich je drei Beobachter sandten. Von den Testamentsvollstreckern Maximilians erschienen der Hochmeister des St.-Georgs-Ordens Johann Geumann und der gewesene Hofmarschall Leonhard Rauber.

Kaiser Maximilian I. und seine Familie: Maximilian, Ferdinand u. Karl (seine Enkel), Philipp (sein Sohn), Maria v. Burgund (Maximilians Gattin) und Ludwig v. Ungarn (v. l.).

Der Landtag befaßte sich in dieser kaiserlosen Zeit bis zur Ankunft des Landesfürsten mit provisorischer Verwaltung sowie mit der konstant drohenden Türkengefahr. Die gefaßten Beschlüsse wurden in einem Libell festgehalten, das alle Länder zu deren Durchführung verpflichtete.

Inzwischen traf in Bruck ein Schreiben Kardinal Langs und der obersten Regenten ein, die in Augsburg im Namen Karls für dessen Königswahl arbeiteten. Es enthielt den Befehl des künftigen Erbherrn im Sinne des Testamentes den alten Regimenten, einer Art früher Behörden, zu gehorchen. Er führte Klage gegen die Übergriffe der oppositionellen landständischen Regierung auf das landesfürstliche Kammergut, zumal man diese Einnahmen gerade jetzt für die bevorstehende Kaiserwahl dringend benötigte. Für die Wahl Karls wurden vom Generallandtag 50.000 Gulden gefordert. Die Stände sprachen sich in Bruck gegen diese Belastung der landesfürstlichen Vizedomämter aus und beschlossen die Entsendung einer Ständegesandtschaft an die Erben Maximilians, Karl in Spanien und Ferdinand in den Niederlanden, um sie zur Besitzergreifung ihrer Erbländer aufzufordern und ihnen ihre Beschlüsse, besonders die Absetzung des alten Regiments, vorzulegen. Nach ständischer Ansicht war nämlich die landesfürstliche Gewalt mit dem Tode Maximilians erloschen und bis zur Erbhuldigung (Besitzergreifung) in ihrer Hand.

Wahl Karls V.

Karl, inzwischen durch enorme Bestechungsgelder am 28. Juni zum Kaiser gewählt, lehnte diese Forderung ab, da er die ständische Bewegung in Österreich als Angriff gegen seine landesfürstlichen Hoheitsrechte empfand. Seine mit allen nötigen Rechten versehenen Gesandten trafen Ende Jänner 1520 in der Steiermark ein und leisteten im Namen Karls V. nach altem Brauch den Eid auf die Landesverfassung und empfingen anschließend die Huldigung.

Ferdinand I. von Habsburg, der Enkel Maximilians I.

Am 28. April 1521 bzw. 7. Februar 1522 einigten sich Kaiser Karl V. und sein Bruder Erzherzog Ferdinand – dieser Titel war nach der Bestätigung des „Privilegium maius“ ab 1453 legal – in Worms und Brüssel über die Teilung des Hauses Habsburg in eine österreichische und in eine spanische Linie.

Ferdinand kam 1521 in die Steiermark und bestätigte von Graz aus die alten Freiheiten und Rechte der Stadt Bruck an der Mur.

Solche Bestätigungen, um die nach alter Gewohnheit beim neuen Landesherrn sofort nach dessen Regierungsantritt angesucht wurde, konnten sich unter Umständen sehr lange hinziehen. So war es damals üblich, zur Beschleunigung des Verfahrens dem vermittelnden Beamten eine kleine Aufmerksamkeit, wie etwa Fisch, Wein oder manchmal sogar ein ganzes Kalb, zukommen zu lassen.

Romweg-Karte (Nürnberg 1502) mit Bruck (siehe Kreis und Pfeil). Nach dem Brauch der Zeit befindet sich der Süden auf der Karte oben. Die Punkte zwischen den Ortschaften entsprechen der Meilenentfernung.

Bald begann die Lehre Martin Luthers auch in die Steiermark einzudringen. Der Weg zur Reformation war lang gewesen. Seit der Zeit der Hohenstaufer und der Gefangenschaft der Päpste in Avignon war es mit den gesellschaftlichen und kirchlichen Zuständen bergab gegangen. Ein neues Kaisertum hatte sich entwickelt: große Fürstenhäuser, die sich nur um die Hausmacht, Zusammenraffen großer Besitzungen und Händelschaften mit den Fürsten bemühten. Die Landesherrn, der örtliche Adel, die Bischöfe und Äbte brachten immer mehr Rechte und Ländereien an sich – auch die Päpste. Die kirchliche Lehre wurde in eine Pfründe umgewandelt, aus der sich Kapital schlagen ließ. Die Geistlichkeit führte ein weltliches Leben und preßte Geld- und Sachleistungen aus den Untertanen. Um die ungeheuren Summen für den Neubau der Peterskirche aufzubringen, hatte die Kurie sowohl den einträglichen Handel mit den Reliquien als auch mit den Ablässen vorangetrieben. Einen Tiefpunkt erreichte der Zustand der katholischen Kirche unter den Renaissancepäpsten Alexander VI. und Leo X., die in Rom ausgelassene altrömische Feste feierten. Gerade zu dieser Zeit hielt sich der Augustinermönch Martin Luther als Pilger in Rom auf.

Luther löste 1517 durch die öffentliche Kundmachung seiner Gedanken, die eigentlich als Diskussionsgrundlage gedacht waren, die Reformation aus. Er selbst wollte sicherlich keine Kirchenspaltung, doch die Zahl der Anhänger seiner Lehre – Reform im Sinne des Evangeliums – vergrößerte sich rasch. Getragen durch den neu erfundenen Buchdruck nahm die Reformation ihren Lauf.

Der Augustinereremit Dr. Martin Luther, dargestellt als „Junker Jörg"; Holzschnitt von Lucas Cranach d. Ä. (1522).

Durch Bergknappen, reisende Kaufleute, Buchführer und Söldner hatten Luthers Ansichten Eingang in alle Schichten des Volkes gefunden und setzten sich dort fest. Die Anhänger der neuen Lehre verhöhnten Einrichtungen und Gebräuche der katholischen Kirche auf geradezu lächerliche Weise, die aber ihrerseits durch ihre mißlichen inneren Zuständen zum Auslöser der Reformation geworden war. Die Kirchen verödeten, die Gottesdienste wurden vernachlässigt und etwa um 1525 fast alle kirchlichen Zeremonien unterlassen.

Kirchenvisitation

Um sich über die neue Lehre zu informieren, ordnete Erzherzog Ferdinand 1528 im Einvernehmen mit dem Kardinal Matthias Lang, Erzbischof von Salzburg, und dem Laibacher Bischof Christoph Rauber als Administrator des Bistums Seckau eine allgemeine Kirchenvisitation an. Es bot sich ein schlechtes Bild der katholischen Zustände im Lande.

Der Protestantismus in Bruck

In Bruck an der Mur, das in dieser Periode eine nicht unbedeutende Rolle spielte, fand die Kommission größtenteils schon alles protestantisch. Über diese Stadt wußten die Beauftragten zu berichten: „Der lutherischen Burger seyn fast viel", die Priester hielten nichts vom Sakrament und von den Messen. Schuld daran wären die Protestanten Dr. Othmar Hans Werder und der Pfarrer Daucher. Die Pfarrgeistlichen hätten sich verheiratet, und unter dem obengenannten Pfarrer würden seit drei Jahren die meisten katholischen Zeremonien unterlassen. In der Filiale St. Ruprecht predige ein Magister Christoph Puchmaier das evangelische Bekenntnis von der Kanzel, leider von so manchem mißverstanden. Als aber dann ein Prediger das Mandat Ferdinands verlesen wollte, verlangten die Leute lautstark das Hochamt, denn sie wollten die landesfürstlichen Verordnungen nicht hören. Die Kommissionäre nahmen zwei Buchhändlern ihre lutherischen Bücher ab, die sie auf dem Jahrmarkt feilboten, und ließen die Druckwerke vor einer großen Menschenmenge öffentlich am Hauptplatz verbrennen.

Die Wiedertäufer

Unabhängig von Luther entstanden gerade jetzt verschiedene Sekten, welche religiöse und soziale Änderungen anstrebten, so etwa die „Wiedertäufer". Diese strömten aus der Schweiz vorerst nach Vorarlberg und Tirol und von da in fast alle österreichischen Länder. „Des Herrn und nicht unser ist die Rache", war einer ihrer Grundsätze. Sie predigten die Gewaltlosigkeit und die Gütergemeinschaft. Christus wurde von ihnen nur als Prophet anerkannt und die Dreifaltigkeit ignoriert. Die Regierung stand ihnen sehr ablehnend gegenüber, und Ferdinand erließ mehrere

Mandate gegen sie, denn nach ihrer Ansicht müßten die Türken mit Gebeten bekämpft werden. Aus diesen Gründen sah man sie als Rebellen, die Obrigkeit und Waffengewalt ablehnten. Man ging gegen sie, deren Lehre vom Kaiser selbst als die schrecklichste Ketzerei bezeichnet wurde, mit aller Schärfe vor, zumal die Lutheraner ihrerseits nicht gewillt waren, das Täufertum zu tolerieren.

Am 1. Juli 1528 gelang es den Brucker Behörden, einen Wiedertäufer zu ergreifen. Dieser wurde sofort nach Graz überstellt, um dem Landeshauptmann Dietrichstein vorgeführt zu werden. Ein Patent Ferdinands vom 20. Juli 1528 verkündete, daß alle Drucker und Buchführer, die mit verbotenen Büchern und Schriften Handel trieben, bestraft und ihre Waren verbrannt werden sollten. Aufgrund dieser Verordnung wurde der aus Regensburg vertriebene Buchdrucker Hans Oehl wegen Verbreitung ketzerischer Schriften verhaftet und am Brucker Richtplatz enthauptet.

Hinrichtung am Richtplatz

Trotz der herrschenden Gesetzesstrenge hatte das Täufertum in der Stadt noch immer kein Ende genommen. Noch im selben Jahr verhaftete man in Bruck wiederum zwölf Wiedertäufer – neun „Brüder und drei Schwestern". Das Gericht verurteilte die Sektenmitglieder, nachdem sie ihrem Glauben nicht abschwören wollten, zum Tode. Die „Brüder" wurden durch das Schwert hingerichtet, die „Schwestern" – darunter ein 16jähriges Mädchen – in der Mur ertränkt. Ein Kirchenlied der Täufer verewigt das Martyrium von Bruck an der Mur.

Brucker Schulmeister

Im gleichen Jahr, also 1528, wird ein Brucker Schulmeister erwähnt. Namentlich lesen wir in den Urkunden von 1543 und 1546 vom „schulmeister" Anton Schachner und 1544 vom „Teitschschulmeister" Georg Strobl.

Durch Türken, Ungarn, Heuschrecken, Pest sowie Reformation und langsam beginnende Gegenreformation hatte der Brucker Handel Anfang des 16. Jahrhunderts schwer zu leiden. Dazu kamen der Zusammenbruch mehrerer süddeutscher Handelsgesellschaften, die vorwiegend Abnehmer des steirischen Eisens waren, und die Sperre der einst so belebten Venezianerstraße. Diese Straße nach Oberitalien und Venedig konnte seit 1508 nicht mehr benutzt werden, da sich Kaiser Maximilian mit den Venezianern im Kriegszustand befand. 1526 ging nach der Schlacht von Mohàcs gegen die Türken ein großer Teil Ungarns und Kroatiens verloren. In vielen dieser Gebiete wurde noch immer gekämpft und sie hatten daher ihre einstige Kaufkraft verloren. Durch den Sieg von Mohàcs war für den „Feind der Christenheit" der Weg zur Reichshauptstadt Wien offen, die sie erstmals 1529 belagerten.

Schwierigkeiten im Handel

Nun begannen auch in Bruck emsige Vorbereitungen für eine etwaige Belagerung der Stadt. Schadhafte Stellen an der Stadtmauer wurden ausgebessert, die Viertelmeister unterrichteten die Bürgern im Waffengebrauch und übten mit ihnen auf den freien Plätzen vor den Mauern. Die

Wachen wurden verstärkt, im ganzen Mürztal Spähposten aufgestellt und sämtliche Paßübergänge nach Niederösterreich unwegsam gemacht.

In dieser Zeit entschied ein funktionierendes Frühwarnsystem über Leben oder Tod. Die Türken waren hervorragende Reiter und konnten so in kurzer Zeit weite Wegstrecken zurücklegen. Oft tauchten sie in Gegenden auf, in denen man sie gar nicht erwartet hatte. So richtete man ein Warnsystem ein, das Feuerzeichen von Berg zu Berg weitergab: die Kreidfeuer. Beim Aufflammen dieser Feuer flüchtete sich die wehrlose Bevölkerung in Wälder oder suchte hinter starken Stadt- oder Burgmauern Schutz, wogegen sich das Landesaufgebot sammelte, um gegen den Feind anzutreten. So eine Kreidfeuerstation ist im Jahre 1532 für Oberkapfenberg bezeugt.

Frühwarnsystem gegen die Türken

Türkische Krieger im 16. Jhd.

Wie immer folgte in diesen Zeiten nach feindlichen Einfällen aus dem Osten der Schwarze Tod. Bei den damaligen schlechten Zuständen der sanitären Einrichtungen – Kanalisationen fehlten gänzlich, viele Häuser hatten keine Senkgrube, so daß bei Regen der Unrat auf die Straße floß – ist es nicht verwunderlich, daß ansteckende Krankheiten auch vor der immer wieder als gesund genannten Stadt Bruck nicht haltmachten. Trotz strengster Sicherheitsmaßnahmen wurden dennoch immer wieder Pestträger in die Stadt eingeschleppt. In den Jahren 1541 bis 1545 und 1569 trat in Bruck die „laidige Contagion", die Pest, auf und forderte ihre Opfer. Der Hauptansturm der Epidemie sollte aber erst kommen.

Pestepedemie

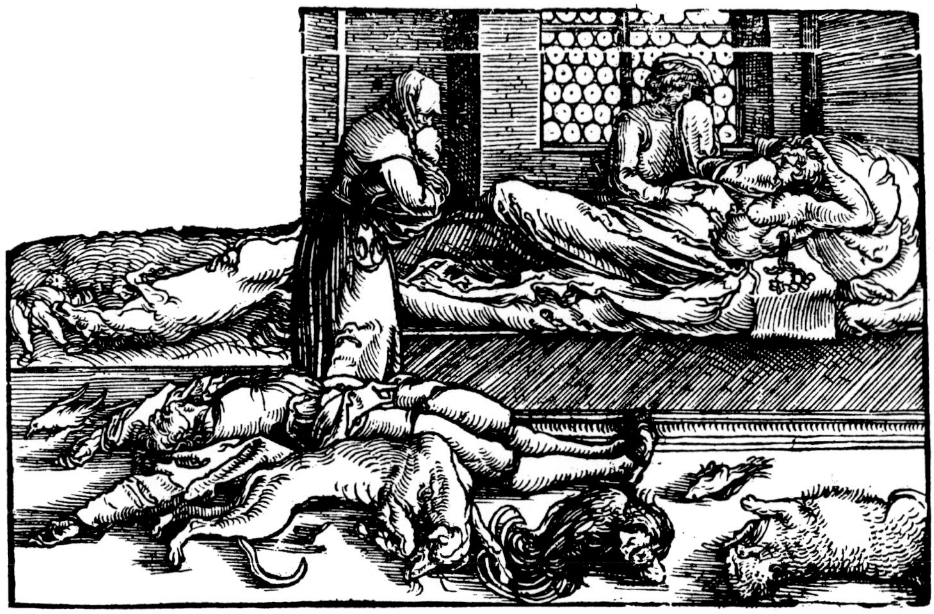

Pestkranke und Pestbehandlung um 1520.

Die Bürgerschaft mußte sich daher mit dem notwendigen Sanitätspersonal versehen, und so erwähnen die schriftlichen Quellen von 1542 zum ersten Mal einen „Bader" und einen „Balbier". Diese in Zünften geeinte Berufsgruppe erfüllte mangels universitätsmäßig ausgebildeter Ärzte – denen sie unterstellt war – in der Stadt wichtige Aufgaben. Der Bader besaß meist eine Badstube und behandelte hier mit seinen Knechten und Mägden die Wunden und Knochenbrüche der Patienten. Im Mittelalter und in der frühen Neuzeit wurden Bäder aus gesundheitlichen Gründen verordnet. Patienten und Patientinnen saßen oft stundenlang gemeinsam im mit Wurzeln, Kräutern und Blüten versetzten Wasser. Wegen der immer wieder auftretenden Badeunsitten und der Ausübung des Badehandwerkes von „unehrlichen" Personen, konnte der Bader lange Zeit nicht zum Bürger aufsteigen. Er durfte auch Ader lassen und Haare sowie Bart naß rasieren. Im Gegensatz dazu durfte der Barbier den Haarschnitt nur trocken durchführen und frische Wunden versorgen. Der erste Apotheker, ein hochangesehener und sicherlich wohlhabender Mann ist für das Jahr 1568 bezeugt.

Ein Barbier bei der Arbeit.

Sehr früh, im Vergleich zu anderen derartigen Einrichtungen in Innerösterreich, werden die Brucker Schützen erwähnt. Diese Schützenvereinigung, deren Geschichte lückenlos bis in die Gegenwart zu verfolgen ist, tritt 1543 zum ersten Mal urkundlich auf, obwohl mit Sicherheit anzunehmen ist, daß diese für die Stadtverteidigung so wichtige Verbindung schon viel früher existiert hatte.

Brucker Schützengesellschaft

1543 berichtet die Überlieferung, daß der Magistrat den Auftrag zur Reparatur der schadhaft gewordenen Orgel in der Stadtpfarrkirche erteilt hatte. Ein Jahr später wechselten auch die Organisten. Herr Andrä Sündl übernahm von seinem Vorgänger David April dieses Amt. Sündl wurde von der Bürgervertretung ernsthaft aufgefordert, er solle an den vorgeschriebenen Tagen „de sanctis, Vesper, Mettn, vnnd die Ämbter, auch Sambstags des Salue hinfüran on Vnnderlass in Organiss schlachten".

Das Hammerwerk an der Mürz vor dem Wienertor wird wiederum 1551 genannt, als Ferdinand I. den Bürgern Sebastian Tungel und Peter Schamann am 27. März einen Neu- oder Ausbau des Werkes gestattete.

Das Hammerwerk an der Mürz

Im Alter von 61 Jahren starb im Juli 1564 Kaiser Ferdinand I., der bereits seit 1531 die Reichsgeschäfte für seinen kaiserlichen Bruder Karl V. geführt hatte. Nach dessen Rücktritt war er 1556 selbst zum Kaiser gewählt worden. Aufgrund der von ihm verfügten zwei Testamente wurden das Erbe und die Herrschaftsrechte unter seinen Söhnen geteilt. Maximilian II., der älteste Sohn, erhielt Nieder- und Oberösterreich, das Salzkammergut, Böhmen, Ungarn sowie die Kaiserwürde, Ferdinand Tirol und die Vorlande, der jüngste, der 28jährige Karl, Innerösterreich, das einen Länderkomplex mit Steiermark, Kärnten, Krain, Teilen Friauls und der adriatischen Küste bei Triest-Duino umfaßte. Er bestätigte als neuer Landesherr gewohnheitsgemäß und nach alter Sitte im Jahre 1572 alle Privilegien der Stadt Bruck an der Mur.

Karl von Innerösterreich

Das „Brucker Libell“ und der Verlauf der Gegenreformation

Auseinandersetzungen zwischen Protestanten und Katholiken

In der Zwischenzeit hatte der Protestantismus in der Steiermark eine machtvolle Position errungen und nahezu das gesamte Land erobert. Einen immer stürmischeren Verlauf nahmen folglich die religiösen Auseinandersetzungen, immer überschattet von der Türkengefahr, die an den Grenzen Innerösterreichs drohte. Die Stände forderten mit Nachdruck vom Landesherrn das Recht der freien Religionsausübung. Erzherzog Karl, der sich immer wieder um die Erneuerung der katholischen Lehre bemühte, wehrte sich lange dagegen, obwohl ihn die Androhung der Steuerverweigerung wegen der Türken schwer getroffen hätte, da Karl auf Wunsch des Kaisers die alleinige Verantwortung für Verwaltung und Verteidigung der windischen und kroatischen Grenze übernehmen mußte und diese Grenzverteidigungsaufgaben enorme Geldmittel verschlangen.

Als streng gläubiger Katholik im Sinne der habsburgischen Tradition mußte Karl die völlige Protestantisierung des Landes verhindern. Die Forderungen des Adels wurden immer drückender, und auch die Städte und Märkte wollten ihre Glaubensfreiheit durchsetzen. Es galt daher, einen Keil zwischen die Stände zu treiben und die landesfürstlichen Städte und Märkte vom Adel zu trennen. Dieser Schachzug gelang dem Erzherzog am Brucker Landtag, der am 6. Jänner 1572 zusammentrat.

Nach einer erregten Auseinandersetzung – die Bürger baten kniefällig und dringend, sie in Religionssachen beim Adel zu lassen, was Karl zornig ablehnte – gelang es dem Landesherrn dennoch, die nötigen Steuern zu erlangen.

Auf dem folgenden Landtag in Graz gestand nun Karl – wieder unter Androhung der Steuerverweigerung – in der sogenannten „Grazer Religionspazifikation“ dem Herren- und Ritterstand am 24. Feber – mündlich – volle Gewissensfreiheit und das Recht der freien Religionsausübung zu. Den Bürgern der landesfürstlichen Städte und Märkte verweigerte er diese Freiheit.

Immer wieder Landtage in Bruck

Im August desselben Jahres arbeitete ein Ausschußtag in Bruck an der Mur eine neue Verteidigungsordnung aus, die alle streitbaren Männer wehrhaft machen sollte. Es war höchste Zeit, denn der Druck der Türken wurde immer größer, und außerdem lief der Friedensvertrag mit ihnen ab.

Neue Verteidigungsordnung

Am 13. August des Jahres 1575 berief Karl neuerlich einen Landtag in Bruck ein. Hier verlangten die protestantischen Stände wiederum die freie Ausübung der Lehre Luthers und vor allem die Ausweisung der Jesuiten, die Karl zur Bekämpfung des Protestantismus nach Graz geholt hatte. Karl verwarf beides und bemerkte, daß jetzt nur von der Vertreibung der Türken die Rede sein könne. Die zur Reform des Militärwesens benötigten Geldmittel wurden mit Hilfe loyaler Protestanten bewilligt, obwohl keine Zugeständnisse gemacht worden waren.

Neben der großen Politik ging aber auch die kleine Politik weiter, so versetzte die Regierung im selben Jahr den Brucker Salzhändlern einen harten Schlag. Sie gab nämlich, nachdem bereits 1541 alle Niederlagsrechte für Salz aufgehoben worden waren, jetzt auch den Handel frei. Von nun an durfte daher jedermann Salz nach dem von der Regierung festgesetzten Preis verkaufen.

Der Salzhandel wird freigegeben

Erzherzog Karl II. von Innerösterreich. Seine Regierungszeit war geprägt von den Auseinandersetzungen zwischen Protestantismus und Katholizismus.

Die Verhandlungen der Regierung mit den Ständen über Militärhilfe und Geldangelegenheiten zogen sich weiter hin. Zu diesem Zweck schrieb Erzherzog Karl am Neujahrstag 1578 einen Ausschußlandtag aus, der wegen des „pestilenzialischen Fiebers" von Graz nach Bruck verlegt wurde, und an dem 39 steirische, 26 kärntnerische, 14 krainische und vier Vertreter aus Görz teilnahmen, von denen insgesamt neun dem Prälatenstand und elf dem Bürgerstand angehörten.

Der Ausschußlandtag von 1578

Karl dürfte vorausgesehen haben, daß die innerösterreichischen Stände eine Erweiterung der Religionsassekuranz für die Bürger der landesfürstlichen Städte fordern würden. Und wirklich war der protestantische Adel diesmal nicht gewillt, ohne Zugeständnisse die verlangten Gelder zu bewilligen. In der Duplik der Stände vom 19. Jänner 1578 ist zu lesen: „Auf fremde Hilfe ist nicht zu rechnen, das Land muß alles selbst tragen, daher muß in Religionssachen dem Armen wie dem Reichen, dem Reichen wie dem Armen, so sich zu unserer Konfession bekennen, sein Gewissen unbeschwert gelassen, sie nicht aber, sonderlich vor den Jesuiten, ganz schmähliche für verdammte Ketzer ausgeschrien werden."

Forderung nach Kultus- und Gewissensfreiheit

Im wesentlichen wurden also allgemeine Kultus- und Gewissensfreiheiten und eine Einschränkung des Jesuitenordens verlangt. Diese entscheidenden Forderungen der Länder waren nur von 43 der insgesamt 72 weltlichen Ausschußmitgliedern, darunter sieben bürgerliche, unterzeichnet. Nach langwierigen Beratungen gewährte Karl in Anwesenheit seiner Räte Khevenhüller, Stubenberg, Kobenzl und des Hofvizekanzlers Schranz sowie in Gegenwart der protestantischen Stände diesen schließlich am 9. Februar die neue Pazifikation. Erzherzog Karl erklärte, er werde die Pazifikation *„so in Steier"* beschlossen allen halten, *„die ihr da beisammen seid und allen, so der Augsburger Konfession zugetan sind ... Also will ich die Bürger auch nicht beschweren, wie ich ihnen wegen der Religion nicht ein Härlein gekrümmt, das will ich hinfüran auch nicht tun. Aber daß sie ihres Gefallens in die Städte und Märkte Prädikanten aufnehmen, das kann ich auch nicht leiden. Aber ich will sie in ihrem Gewissen unbekümmert lassen, darauf mögen sie sich wohl verlassen"*. Aus den vier privilegierten Städten Graz, Judenburg, Klagenfurt und Laibach sollten zudem die Prediger vom Landesfürsten nicht vertrieben werden. Ausdrücklich verpflichtete Karl lediglich seine Person, nicht aber seine Nachfolger oder Nachkommen zur Einhaltung der von ihm nur mündlich gegebenen Zusicherungen. Im Gegenzug bekam er vom Landtag seine Forderungen bewilligt, und zusätzlich eine halbe Million Gulden sowie weitere Naturalien zur Landesverteidigung an den Grenzen.

Das „Brucker Libell"

Da aber Karl keine Urkunde ausstellen wollte, verfaßten die Ausschüsse eine Darstellung der Vorgänge und ließen das unter dem Namen „Brucker Libell" bekannte Statut von 38 adeligen und sieben bürgerlichen Vertretern unterzeichnen und segnen. Im Taumel ihres doch nur scheinbaren Sieges übersah die protestantische Seite, daß der Landesherr in Bruck die freie Religionsausübung nur dem Adel, den Bürgern dagegen doch nur die Gewissensfreiheit zugestanden hatte. Gewissensfreiheit beinhaltet jedoch noch lange nicht Kultusfreiheit. Der Protestantismus hatte jedoch mit dem „Brucker Libell“ von 1578 einen Sieg und seinen Höhepunkt in Innerösterreich erreicht. Er feierte die Religionspazifikation als „Magna Charta“, obwohl sie dies bei weitem nicht war.

Reaktionen in Rom

Die Ereignisse in Bruck an der Mur führten zu heftigen Reaktionen in Rom. Bereits drei Monate später traf der päpstliche Nuntius in Graz ein, wo er Karl im Namen des Papstes ernstliche Vorhaltungen machte.

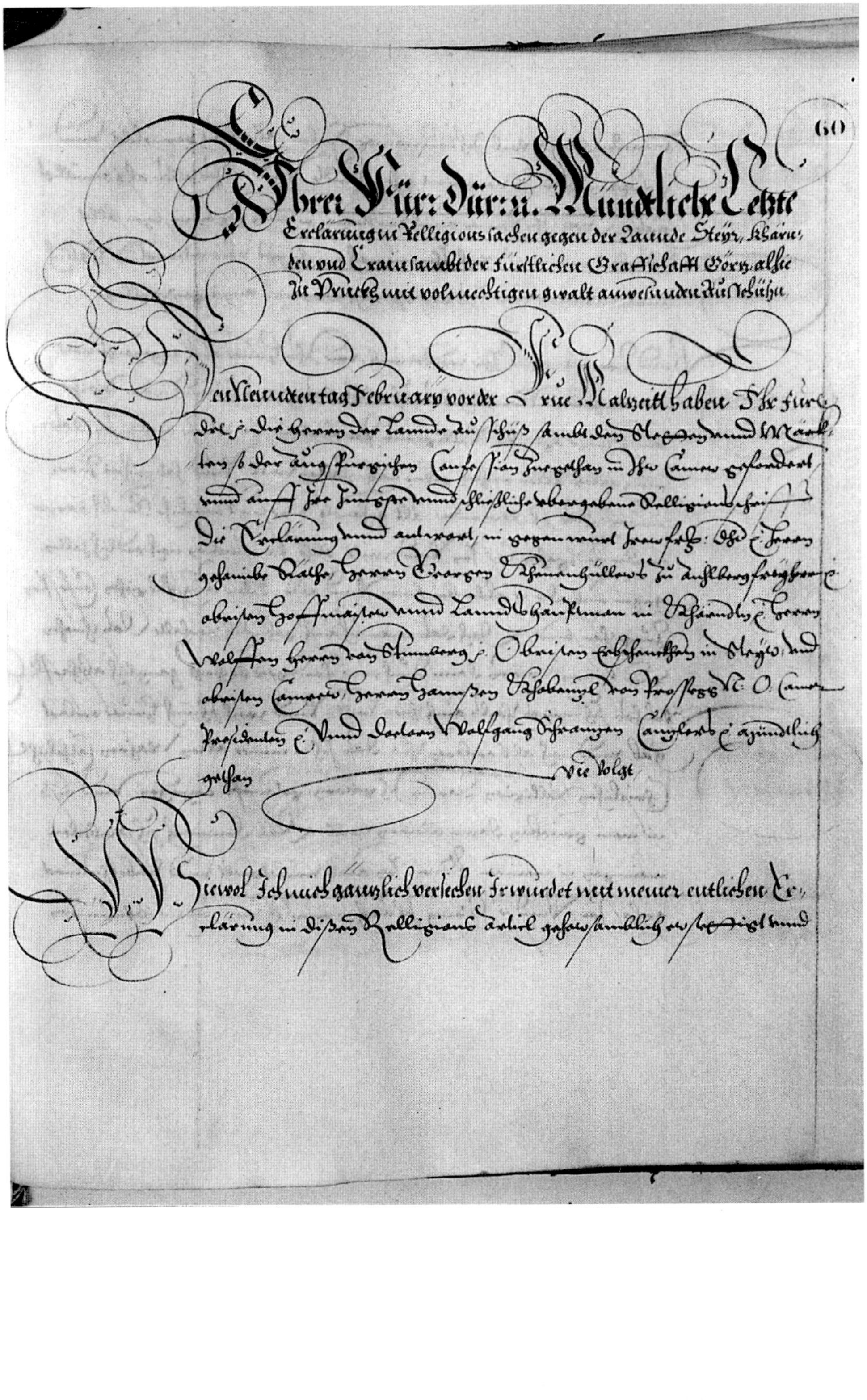

Steirische Religionspazifikation, Pergamentlibell vom 20. Jänner 1580. Blatt 60 mit den mündlichen Zusagen Karls II. in Bruck von 1578.

Wieviel das Fürstenwort Karls von 1572 und 1578 wert war, erwies sich in den nächsten Jahren. Im Oktober 1579 kam es auf der Münchner Konferenz zu ersten Gesprächen über Maßnamen gegen den Protestantismus in den Ländern Karls. Bei der Besprechung wurde die Inkompetenz des Erzherzogs für die Zusagen von 1572 und 1578 festgestellt, und man beschloß die Gegenreformation „nicht mit Worten, sondern durch Taten“. Der Landesherr nahm folglich immer mehr seiner Zugeständnisse zurück, bis sie schließlich sein Sohn und Nachfolger Erzherzog Ferdinand gänzlich aufhob.

Beginn der Gegenreformation

1590 brach in Graz ein Tumult aus. Grund dafür war die beabsichtigte Einsetzung zweier katholischer Ratsherrn und einer neuen, zusätzlichen Formel beim Bürgereid. Karl II. mußte vom niederösterreichischen Bad Mannersdorf nach Graz eilen. Bereits schwer erkrankt ließ sich Karl in einer Sänfte über Mariazell bis nach Bruck tragen. Nach einer kurzen Ruhepause in der Stadt fuhr er auf einem Floß – wie schon 1571 anläßlich seiner Hochzeit – bis zur Weinzödlbrücke nach Graz. Hier verstarb er am 10. Juli – 50 Jahre alt. Ein imposanter Leichenzug brachte die sterblichen Überreste des Erzherzogs in das von ihm errichtete Mausoleum nach Seckau. Der Kondukt mit dem Trauerwagen, der mit acht spanischen Pferden bespannt war, verließ am 17. Oktober Graz und zog über Bruck nach Seckau.

Tod Karls II.

In seinem Testament trat der Erzherzog für die Primogeniturerbfolge ein und verpflichtete seine Erben, die katholische Kirche zu schützen und das Sektenwesen zu bekämpfen. Da Karls Sohn Ferdinand erst zwölf Jahre alt war, ernannte Obervormund Kaiser Rudolf II. seinen Bruder Ernst, dann Erzherzog Maximilian (der Deutschmeister) vorübergehend zum Regenten von Innerösterreich. Erzherzog Ferdinand erhielt im Dezember 1596 die Huldigung, ohne daß die Pazifikation in diese aufgenommen wurde. Der junge Landesfürst trat seine Regierung mit dem Ziel an, die Gegenreformation in seinen Ländern mit allen Mitteln voranzutreiben.

Die älteste bekannte Darstellung von Bruck aus dem Jahre 1582.

Im Februar 1598 bestätigte Ferdinand die alten Rechte Brucks und richtete hier einen unverständlichen perpetuierenden Rat ein, der sich bei Bedarf selbst ergänzen konnte. Im September begleitete er seine Schwester als königliche Braut von Spanien mit ihrer Mutter und dem ganzen Adel auf ihrer Reise bis nach Bruck an der Mur.

Kurz danach widerrief Ferdinand zur Gänze die von seinem Vater Karl II. den Protestanten gemachten Zugeständnisse und betrieb mit aller Energie die Gegenreformation. Er begann mit der Ausweisung der lutherischen Prädikanten und Schulmeister, er verbot den Bau nichtkatholischer Friedhöfe und Kirchen und setzte im ganzen Land wieder katholische Geistliche ein. Bereits

1591 war der Brucker Stadtpfarrer verhaftet und an seiner Stelle ein Vikar eingesetzt worden.

Verhaftung des Stadtpfarrers

Trotz etlicher Niederlagen gegen die Türken verschärfte Ferdinand seine Maßnahmen gegen den Protestantismus. Er richtete eine Religionsreformkommission ein, die durch die Steiermark zog. Im November 1599 erhielt Fürstbischof Martin Brenner – auch Ketzerhammer genannt – die Weisung, als „Direktor des ganzen Reformationswesens" die Steiermark systematisch wieder dem katholischen Glauben zuzuführen.

Reformationskommisäre

Zusätzlich wurden im selben Jahr in allen Städten und Märkten, so auch in Bruck, Reformationskommissäre, bestehend aus dem Pfarrer und einem verläßlichen Bürger, eingesetzt. Die Stadtverwaltung hatte den Gehorsam gegen den Pfarrer, die Ablegung der Beichte, den Kirchenbesuch der ganzen Familie, die Einhaltung des Fasten- und Beichtgebotes etc. zu überwachen, was zu mancherlei Konflikten Anlaß gab, weil besonders der Stadtpfarrer, jetzt wo seine Position wieder erstarkt und gefestigt war, die Aufsicht nicht nur in geistlichen, sondern auch in weltlichen Dingen ausüben wollte.

Reformationskommission unter Fürstbischof Martin Brenner

Die Kommission vollzog unter starker militärischer Bedeckung ihre Arbeit. Protestantische Kirchen wurden gesprengt, Friedhöfe vernichtet, Bücher verbrannt. Am 18. März 1600 erreichte sie Bruck. Die Kommission bestand aus Martin Brenner, dem Landesvizedom Alban von Moßheim, dem Regierungsrat Angelus Costede und dem Hauptmann der Quardia, Christoph Ritter von Prank. Unter Mithilfe von drei Soldatenkompanien wurden die Vernichtung aller Dinge, die irgendetwas mit dem Protestantismus zu tun hatten, bewirkt und die Katholisierung der Einwohner erzwungen. Fünf Bürger entschlossen sich zur Auswanderung, um ihrem Glauben treu zu blieben. Gegen 800 protestantische Schriften, vor allem lutherische Bibeln, wurden am Hauptplatz verbrannt. Anstatt des vertriebenen Predigers wurde Kalin von Sternstein, der Hofkaplan des Erzherzogs, als neuer Stadtpfarrer und Erzpriester eingesetzt.

Verbrennung protestantischer Bücher am Brucker Hauptplatz.
Neuer Stadtpfarrer und Erzpriester

Kaiser Rudolf II. berief die Kapuziner, die ihre Tätigkeit bis dahin nur in Italien und Frankreich entfaltet hatten, nach Prag, Erzherzog Matthias nach Wien, damit sie „dem in Unsittlichkeit, Völlerei und Schwelgerei versunkenen Volke durch ihr einfaches Wesen und ihr Leben voll Selbstverleugnung ein lebendiges Beispiel boten". Auf Wunsch des Erzherzogs Ferdinand und zur Festigung des katholischen Glaubens kam Pater Lorenzo von Brundisium, der Generaldefinitor des Ordens, im August 1600 nach Graz und gründete hier ein Kloster. Die nächste Klostergründung, also die zweite in der Steiermark, erfolgte 1606 in Bruck.

Pater Lorenz, der auf seinen Reisen von Wien nach Graz oft in Bruck Rast hielt, berichtete Ferdinand, daß die Bürgerschaft den Wunsch nach Errichtung eines Kapuzinerklosters geäußert hätte. Der Erzherzog kam dieser Bitte nach, stiftete das Kloster und ernannte gleichzeitig den Stadtpfarrer Alexius Grotta zum Bauherrn, der den Auftrag erhielt, einen geeigneten Bauplatz ausfindig zu machen.

Die Kapuziner bauen ein Kloster

Als solcher wurde der sogenannte „Eisengarten“ vor dem Leobnertor ausgesucht, der dem Brucker Bürger Wolff Parvo gehörte. Als sich aber Parvo weigerte, den Bauplatz zu verkaufen, erhielt er vom Erzherzog den Auftrag, denselben gegen bare Bezahlung abzutreten. Parvo bekam als Entschädigung 300 Gulden.

Am 14. Juli 1607 wurde in feierlicher Weise der Grundstein durch den Abt des Benediktinerstiftes Admont, Johannes Hoffmann, gelegt. Eine nachhaltige Förderung erfuhr der Bau des Klosters und der Kirche durch ein Vermächtnis des Bürgers Daniel Nicolini, aus welchem „denen Patribus Capucinis alhier“ der Betrag von über 1.600 Gulden zufloß, den der Magistrat im September 1609 an den Stadtpfarrer Grotta ausbezahlte. Auch der Landesherr selbst, Erzherzog Ferdinand, unterstützte den Bau auf jede Weise. So etwa beauftragte er am 7. September 1609 die Niederösterreichische Hofkammer, dem Hofzeugwart anzuweisen, ohne Verzug den Kapuzinern in Bruck eine Glocke gießen zu lassen und das erforderliche Material beizustellen. Die Glocke wurde in Graz vom Glockengießer Claudius Aubert gegossen und Ende Jänner 1610 nach Bruck gebracht. Die Kosten betrugen, einschließlich des Fuhrlohnes, 18 Gulden.

Martin Brenner weiht die Kirche des Kapuzinerklosters

Das Klostergebäude dürfte bereits in den Jahren 1607 bis 1608 erbaut worden sein, der Kirchenbau wurde 1611 vollendet. An alle steirischen Klöster und Stifte waren die Einladungen zur Konsekration ergangen, die Stadtpfarrer Grotta am 6. April 1611 aussandte. Die Einweihung der Kirche zu Ehren des heiligen Johannes des Evangelisten nahm am 10. Mai Fürstbischof Martin Brenner von Seckau in feierlicher Weise vor.

Die Kapuzinermönche bemühten sich, ganz im Sinne des Landesfürsten und ihres Fürstbischofs, den katholischen Glauben wieder zur allgemeinen und einzigen Glaubenslehre zu erheben und die Lehre Luthers immer mehr zurückzudrängen.

Doch trotz allem fand in den obersteirischen Städten und Märkten in den ersten Jahrzehnten des 17. Jahrhunderts das so mühsam niedergezwungene Luthertum immer noch Anhänger, unter anderem in Bruck an der Mur, Kapfenberg, Leoben und Judenburg, wo sich die dortigen katholischen Pfarrer beschwerten, daß ihre Pfarrgemeinde nicht zur Beichte und Kommunion erscheine, die Fastengebote mißachte und weiterhin verbotene lutherische Bücher lese.

Das Kapuzinerkloster vor den Stadtmauern.

Die Stadt im 17. Jahrhundert
(bis Maria Theresia)

Mittlerweile hatten die Geschäfte der Stadtverwaltung einen so großen Umfang angenommen, daß das alte Rathaus (heute Apothekerhaus) dafür nicht mehr hinreichend Raum bot. 1607 bat daher der Magistrat den Landesfürsten Ferdinand, er möge doch der Stadt das ehemals als Stainheußl´sche Behausung bezeichnete Gebäude am Hauptplatz verkaufen, das seit 1569 als Burg verwendet wurde. 1609 kam es zum Kaufabschluß. Als Ersatz erwarb Ferdinand noch im selben Jahr vom Landesvizedom Peter Kugelmann von Edenfels das sogenannte Stubenberg´sche Freihaus in der Herzog-Ernst-Gasse und richtete hier seinen neuen Sitz ein. Der Magistrat amtierte einstweilen noch im alten Rathaus, zwischenzeitlich auch im geräumigeren Kornmesserhaus.

Allegorie auf Erzherzog Ferdinand II. als Kämpfer gegen den Protestantismus.

Als im Jahre 1615 der Bischof von Seckau, Martin Brenner, sein Bistum resignierte, empfahl er ausdrücklich seinen Neffen Jakob Eberlein zum Nachfolger im Hirtenamt. Eberlein, der Stadtpfarrer von Bruck und ehemalige Erzieher Karls II. von Innerösterreich, wurde schließlich als Jakob I. zum Bischof von Seckau geweiht.

Drei Jahre nach seiner Einsetzung brach 1618 durch einen Streit zwischen Katholiken und Protestanten in Böhmen der Dreißigjährige Krieg aus. Anlaß dafür war der Prager Fenstersturz am 23. Mai. Ein Jahr später wurde der steirische Erzherzog Ferdinand von den Kurfürsten einstimmig als Ferdinand II. zum römischen Kaiser gewählt.

Der eiserne Brunnen

Der schmiedeeiserne Brunnen am Hauptplatz der Stadt – neben dem Kornmesserhaus ein Wahrzeichen Brucks – dürfte zu Beginn des 17. Jahrhunderts entstanden sein. Sicher ist jedenfalls, daß die kunstvolle Laube, deren Schöpfer leider unbekannt blieb, bereits im Jahre 1613 erneuert oder ausgebessert wurde. 1626 ließen die Stadtväter auch den brüchig gewordenen steinernen Unterbau instandsetzen. Grund dafür war, daß der große Linzer Bartholomäusmarkt wegen der ständigen Bauernunruhen in Oberösterreich nach Bruck an der Mur verlegt werden mußte. Gerade deshalb sollte nun der Brunnen am Platz in voller Pracht wiederhergestellt werden. Den Auftrag zur Erneuerung des Steinsockels erhielt der Baumeister und gelernte Steinmetz Hans Prasser. Prasser war ein Schüler jenes genialen Pietro Valnegros, der in Graz das Mausoleum Kaiser Ferdinands II. fertiggestellt hatte.

Hans Prasser, ein Schüler Valnegros

Der Brunnen besaß zu jener Zeit am unteren Teil noch kein Schutzgitter. Dieses wurde erst später, wahrscheinlich um 1693, hinzugefügt.

Vermutlich aus den Einnahmen des Bartholomäusmarktes gelang es dem Magistrat nach jahrelangen Bemühungen, die Herrschaft Landskron mit dem Amte Pischkberg zu erwerben und damit in den Besitz weiterer Forste sowie Jagd- und Fischereirechte zu kommen.

Anfang Oktober 1629 konnten die Verwaltungs- und Gerichtsakten, Urbare und Urkunden, die reichen Bücherbestände und schließlich die Waffen aus der Rüstkammer des Kornmesserhauses, das der Stadtver-

Der schmiedeeiserne Brunnen am Hauptplatz, eines der bedeutendsten Kustwerke seiner Art in der Steiermark.

waltung vorübergehend als Ausweiche gedient hatte, in das neue Rathaus übertragen und die Stadtkanzlei eingerichtet werden. Am 26. Oktober hielt der Brucker Magistrat unter Bürgermeister Caspar Riedlmayr hier seine erste Sitzung ab.

Wappengrabplatte von Bürgermeister Caspar Riedlmayr.

Als die Pest die Stadt Bruck im Jahre 1634 neuerlich heimsuchte, mußte sich der Rat zur Erbauung eines Pestlazarettes bei der St.-Bartholomäus-Kirche entschließen und aufgrund der vielen Todesfälle ab 1645 dort einen eigenen Pestfriedhof anlegen.

Kaiser Ferdinand II., ein heftiger und entschlossener Vertreter der Gegenreformation, starb 1637. Sein Sohn folgte ihm als Ferdinand III. auf den kaiserlichen Thron. Er bestätigte gewohnheitsgemäß, wie seine Vorfahren, nach alter Tradition im Jahre 1638 von Wien aus die Privilegien der Stadt Bruck an der Mur. Ab 1642 trat er vehement für eine Neubefestigung der Burg Landskron ein, denn die Türken ließen wieder von sich hören.

1648 ging nach 30 Jahren der große europäische Krieg zu Ende. Innerösterreichs Städte und Märkte wurden von ihm zwar nur am Rande berührt, doch die Länder verbluteten an den äußerst hohen Steuern. Auch nahmen die andauernden Militärdurchmärsche in dieser Zeit kein Ende. Ebenso wurden Kriegsflüchtlinge und die auf den Durchzugsstraßen umherirrenden Landsknechte aus dem Reich, welche oft auch mit Gewalt milde Gaben heischten, zu einer schweren Belastung, oft auch zur Bedrohung.

„Ich bringe gute Post und neue Friedenszeit", heißt es auf einem Flugblatt, welches das Ende des Dreißigjährigen Krieg verkündet.

Bruck verarmt

Infolgedessen mußte Bruck, noch vor nicht allzulanger Zeit eine reiche und wohlhabende Stadt, 1654 das Landgericht Tragöß an das Stift Göß unter Äbtissin Gräfin von Kolonitsch verkaufen, um einigermaßen zahlungsfähig zu bleiben.

Hohe Gäste sah die Stadt 1666. Die Braut des 26jährigen Kaisers Leopold I., der 1658 völlig unerwartet das Erbe Ferdinands antreten mußte, reiste von Genua nach Wien. Die Reise dauerte mehr als drei Monate, da immer wieder Unterhaltungen und kostspielige Tafeln eingeschoben wurden. Die Braut, die erst 15jährige spanische Infantin Margaretha Theresia, kam am 21. November in Bruck an der Mur an.

Margaretha Theresia zog mit ihrem gesamten Troß und mit großem Pomp durch das Leobnertor in die Stadt ein. Der Einzug dauerte Stunden. Nach kurzer Rast ging es weiter nach Wien, wo die kaiserlichen Brautleute am 12. Dezember Hochzeit feierten.

Die Reihung des Brautzuges von Margaretha Theresia, der durch das Leobnertor in die Stadt einzog, gibt ein getreues Bild des Hofzeremoniells, des Hofstaates und der Rangordung der Stände.

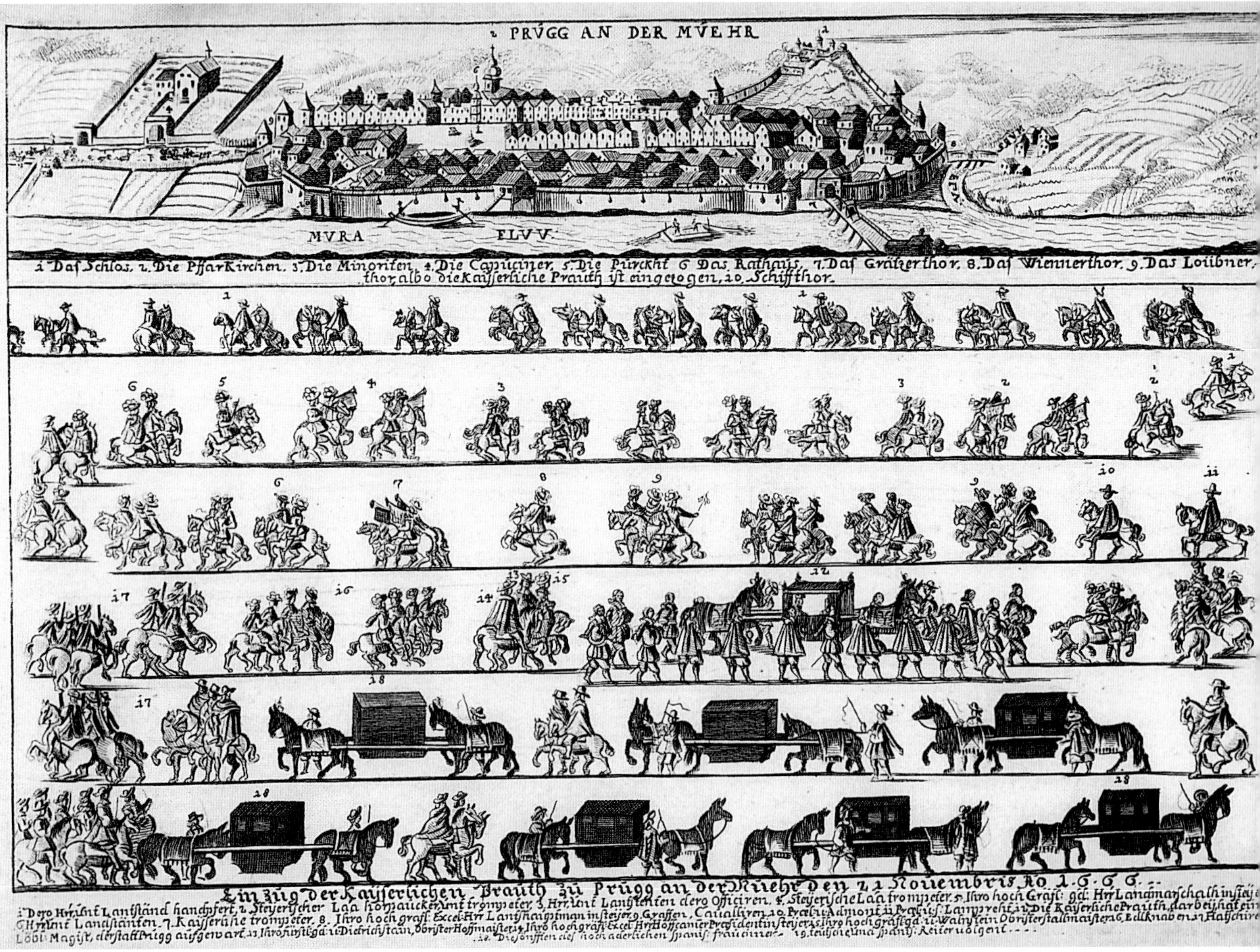

Das Jahr 1683 brachte Elend und Armut über die Stadt. Im März brach bei einem Brucker Wirt in einer Selchkammer Feuer aus, das wegen der damaligen Bauweise und unzulänglicher Löschmittel rasch um sich griff. Die Flammen äscherten das Minoritenkloster, die Wehrgänge der Ringmauern, sieben Stadttürme, das Hammerwerk an der Mürz und ca. zwei Drittel aller Häuser ein.

Ein Brand äschert zwei Drittel aller Häuser ein

Großwesir Kara Mustafa sandte im März 1683 im Namen seines Sultans Mehmed IV. eine formelle Kriegserklärung nach Wien. Mit 150.000 Mann und 300 Kanonen zogen die Türken in Richtung Wien und begannen den „Goldenen Apfel", wie sie Wien nannten, am 14. Juli einzuschließen. Erst ein vereintes europäisches Entsatzheer unter der umstrittenen Führung des Polenkönigs Sobiesky konnte schließlich die Belagerer in die Flucht schlagen.

Sieg über die Türken vor Wien. Fresko am Langhausgewölbe des Grazer Mausoleums.

Die Bevölkerung Burgenlands und Niederösterreichs floh vor dem Feind, dessen Renner und Brenner selbst in die entferntesten Alpentäler vordrangen. Das Mürztal war von Flüchtlingen überfüllt, die von der heimischen Bevölkerung notdürftig verpflegt und beherbergt werden mußten. Als in Bruck an der Mur die Nachricht eintraf, daß sich eine starke türkische Abteilung dem Semmering nähere, begaben sich beherzte Bürger und Bauern der Umgebung unter Führung des Brucker Bürgermeisters und Landrichters Georg Primbsch dorthin, um die Heimat gegen die Feinde zu verteidigen, was ihnen auch gelungen sein muß, denn Bürgermeister Primbsch wurde am 10. September 1685 vom Kaiser „wegen besonderer Umsicht und Tapferkeit im Kampf gegen die Türken" mit dem Prädikat „von Königsbrunn" in den Ritterstand erhoben.

Die eben geschilderten Ereignisse und ein Brand im Jahr 1688 führten zur Verschärfung der ohnehin schon schlechten Finanzlage Brucks. Trotz allem aber hatten die Bürger hohe Steuern aufzubringen. 1697 zum Bei-

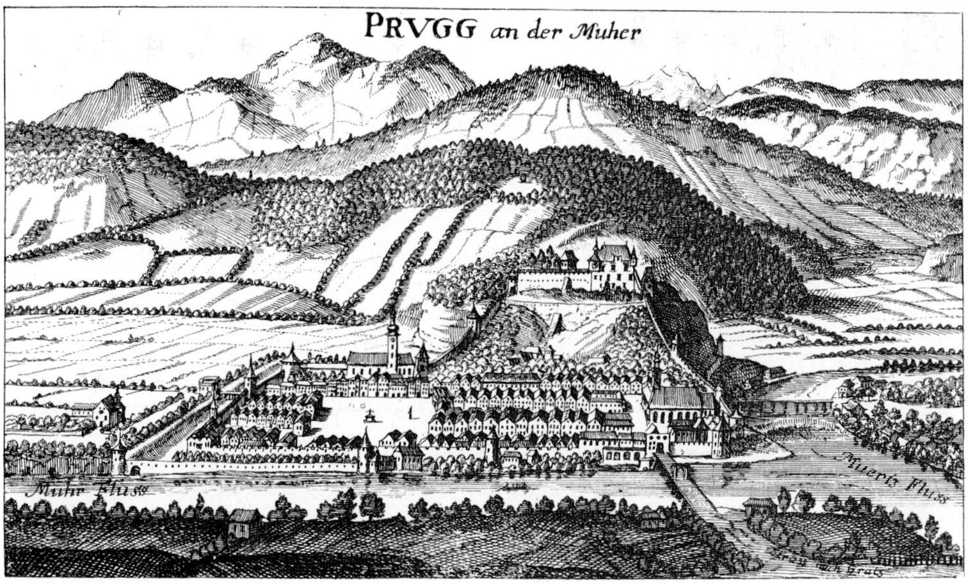

Mit der Ansicht Brucks in seiner „Topographia Ducatus Styriae" veröffentlichte Georg Matthäus Vischer 1681 die erste repräsentative Darstellung der Stadt.

spiel mußte das Land 500.000 Gulden Steuern und 250.000 Gulden „freiwillig“ Kriegshilfe bezahlen. Da half auch die Bestätigung der alten Stadtfreiheiten durch Kaiser Leopold im März 1701 nicht viel.

Dominicus Walchegger stiftet die Kreuzwegstationen am Kalvarienberg

Diese Notzeiten, die so manchen Bürger zum Bettler werden ließen, könnten der Grund dafür gewesen sein, daß im Jahre 1704 der angesehene Brucker Glasermeister Dominicus Walchegger und seine Frau am Kalvarienberg zu Ehren Gottes vier Kreuzwegstationen stifteten – eine fünfte kam 1718 dazu. Den ersten Stein setzte am 6. April Bürgermeister Johann Georg Riedlmayr d. Ä. gemeinsam mit den Stiftern.

Kaiser Leopold, der seinen zweiten Sohn nach dem Aussterben der spanischen Habsburger zum spanischen König Karl III. proklamierte und somit in den spanischen Erbfolgekrieg mit Frankreich gezogen wurde, starb 1705. Sein ältester Sohn übernahm als Joseph I. die Regierungsgeschäfte im Reich und in den Erblanden.

Johann J. Wels stiftet ein Waisenhaus

1706 stiftete der aus einem der vornehmsten Brucker Bürgermeistergeschlechter entstammende Dr. Johann Jakob Wels ein Waisenhaus, dem ein „Waislschuelmaister“ vorstand (1769 aufgehoben).

Im selben Jahr und auch zwei Jahre darauf wurde die Stadt wieder von einer Brandkatastrophe heimgesucht. Die schon von so vielen Schrecken geplagte Bürgerschaft gelobte hierauf 1710, in der Mitte des Hauptplatzes eine Votivsäule mit der Jungfrau Maria und sechs Heiligen zu errichten.

Ein Jahr später starb nach nur sechsjähriger Regentschaft Kaiser Joseph an den schwarzen Blattern. Sein Tod brachte die endgültige Wende im Krieg um das spanische Erbe. Karl mußte aus Spanien nach Wien zurück und als Kaiser Karl VI. die Nachfolge im Reich antreten. Er beendete im Frieden von Rastatt 1714 den blutigen Erbschaftsstreit.

Trotz strengster Vorschriften der Pestkommission hatte der Schwarze Tod vor dem oftmals als gesündeste Stadt der Steiermark gepriesenen

Am 25. August 1712 zeichnete ein unbekannter Reisender aus Schlesien ein Bild von Bruck in sein Reisetagebuch. Der Zeichner des „zührlichen Städtleins Brug an der Mur“ – so nannte er die Stadt – nahm es mit der Darstellung nicht sehr genau.

Bruck nicht haltgemacht. 1716 wütete die Pest in noch nie dagewesenem Ausmaß. Vor Verzweiflung gelobten der Magistrat und die Bürger vor der neuen Votivsäule, am Kalvarienberg, eine Kirche zu Ehren des Blutschwitzenden Heilands zu erbauen, wenn Gott die Pest von der Stadt abwenden würde. Der damalige Pfarrer Dr. Rein sprach sich aber gegen diese Gelöbniskirche aus, er wollte statt ihrer an seiner Stadtpfarrkirche lieber ein Südschiff angebaut sehen.

Heftige Pestepedemie

Als im Jahre 1718 längere Zeit kein Todesopfer mehr zu beklagen war, ging die Brucker Bürgerschaft daran, ihr Gelübde zu erfüllen und setzte den Grundstein für die Kalvarienbergkirche zum Blutschwitzenden Heiland südlich der Stadt.

Grundsteinlegung für die Kalvarienbergkirche

Die feierliche Weihe des Gotteshauses fand unter Anwesenheit von Bürgermeister Garlußnigg am 12. April 1719 statt. 1721 erteilte der Salzburger Erzbischof, Franz Anton von Harrach, der Kirche die Meßlizenz, und kurz darauf siedelte sich in einer der fünf Kapellen neben der Kirche ein Einsiedler an.

Da die innerösterreichischen Stände bereits 1720 die „immerwährende Satzung" der Pragmatischen Sanktion (1713) und somit die Erbfolge Maria Theresias anerkannt hatten, fühlte sich ihr Vater, Kaiser Karl VI., verpflichtet, in der steirischen Landeshauptstadt die Zeremonie der Erbhuldigung zu vollziehen, die sein Bruder Joseph I. unterlassen hatte. Er sollte der letzte Regent sein, der sich hier huldigen ließ.

Auf der Reise dorthin trafen Karl VI. und Gemahlin, Prinzessin Maria Theresia, Herzog Franz von Lothringen und Herzog Pius von Savoyen am Spätnachmittag des 22. Juni 1728 in Bruck an der Mur ein. Die Gäste

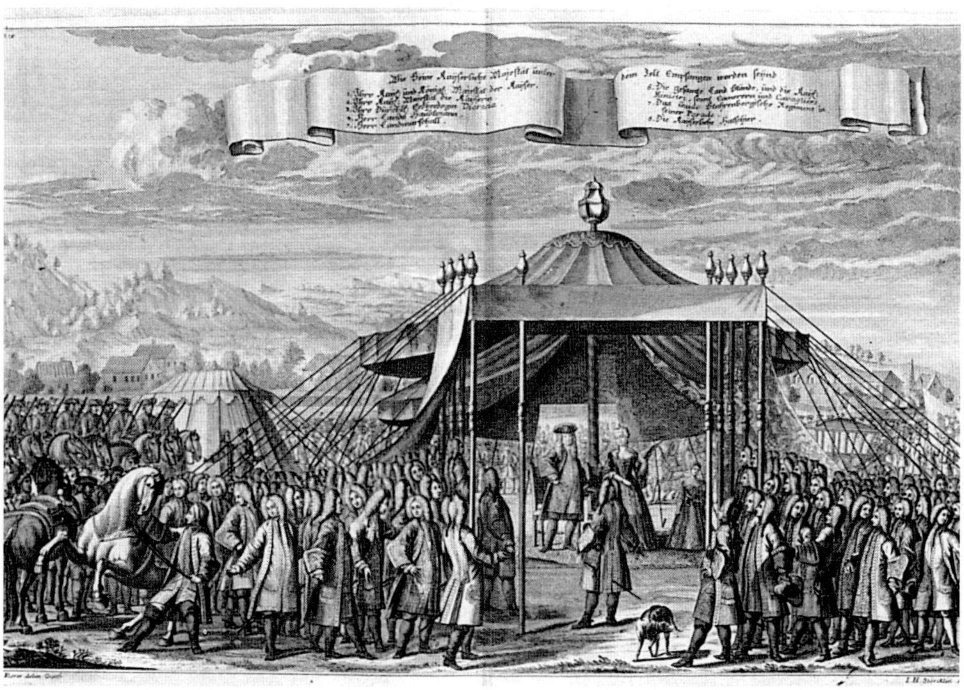

Von Bruck kommend, wurde Kaiser Karl VI. in einem Zelt vor der Stadt Graz feierlich empfangen.

Kaiser Karl VI. übernachtet in der Stadt

übernachteten im Gasthof „Zum schwarzen Adler" und setzten ihre Fahrt am nächsten Vormittag über Frohnleiten nach Graz fort. Die hohen Herrschaften fuhren mit prächtigen eigenen Wagen, für die die einzelnen Poststationen Kutscher und Bespannung beistellen mußten.

Pragmatische Sanktion

Mit dem Tod des Kaisers am 20. Oktober 1740 starb das Geschlecht der Habsburger im Mannesstamm aus. Die Bestimmungen der Pragmatischen Sanktion wurden nun wirksam. Maria Theresia, die älteste Tochter Karls, sie selbst war nie Kaiserin, sondern nur Königin von Ungarn und Böhmen, trat die Erbfolge an. Ihr Gatte, Franz I. von Lothringen, erhielt 1745 die Kaiserkrone.

Franz Stephan von Lothringen und Erzherzogin Maria Theresia als Brautpaar.

Belastungen durch die Erbfolgekriege

Schwere Belastungen brachten der sogenannte Erbfolgekrieg (1740 – 1748) und der Siebenjährige Krieg (1756 – 1763) über das Land. Die Städte hatten besonders durch die vielen Militärdurchmärsche, Einquartierungen, Vorspannleistungen und Rekrutierungen zu leiden. Das einst wohlhabende Bruck an der Mur, das einmal zu den reichsten und angesehensten Städten des Landes gehört hatte, wurde nun immer häufiger als „armes Stättl" genannt. Zahlreiche Bürger hatten die Stadt verlassen und waren auf das Land geflüchtet. Viele Häuser standen leer – ein neuer Aufbau war nach den vielen Bränden zu kostspielig. Trotz dieser beklagenswerten Lage war es für die Stadt möglich, am 5. Juni 1742 den kaiserlichen Forst und die dazugehörigen Jagdrechte in der Nähe Brucks um 3.000 Gulden zu kaufen. Zwei Jahre später bestätigte Maria Theresia die alten Privilegien der Stadt.

1748 wurden im Verlauf der theresianischen Verwaltungsreformen die neuen Kreisämter geschaffen. Sie wurden zum Teil nach böhmischem Vorbild errichtet, aber nicht als ständische, sondern als staatliche Behörde. Das Land Steiermark gliederte sich in fünf Teile: Judenburg, Bruck an der Mur, Graz, Leibnitz, später Marburg und Cilli. Jeden Kreis leitete ein von der Regierung ernannter Kreishauptmann. Erster Kreishauptmann im Brucker Kreis wird 1757 Herr Anton Freiherr Edler von Philipitsch.

Siegel „der Creysstadt Prvgg an der Muhr".

Die Existenz des Kreisamtes schränkte in der Folge die Selbstverwaltung der Stadt stark ein. Alles mußte dem Amt berichtet und nichts durfte ohne dessen Genehmigung veranlaßt oder durchgeführt werden.

Im März 1765 reiste Maria Theresia gemeinsam mit ihrem Gemahl Kaiser Franz von Eggenberg durch Bruck und Leoben in die Obersteiermark zu einer großen Gemsenjagd am Reiting. Es war die letzte Reise des Kaisers, denn er starb bereits fünf Monate darauf in Innsbruck an einem plötzlichen Schlaganfall. Sein ältester Sohn Joseph wurde nun Nachfolger im Reich und Mitregent Maria Theresias in Österreich und den habsburgischen Erbländern.

Allgemeine Häusernumerierung und Gliederung in Werbbezirke

Im Jahre 1770 ordnete die Regierung eine allgemeine Häusernumerierung an, führte die allgemeine Wehrpflicht ein und gliederte das Land in 253 Werbbezirke. Nach Bruck an der Mur, das zum Werbbezirk des Regiments Prinz Baden-Durach Nr. 27 gehörte, wurden zwei Kompanien verlegt.

Verkauf von Landskron an Franz Xaver Fraydt von Fraydenegg

Die Stadt konnte ihre Finanzen weder ordnen noch verbessern – im Gegenteil, die Lage war nur schlimmer geworden, und zwar so schlecht, daß über Antrag des Kreisamtes und im Auftrag der Hofkammer im Jahre 1771 die Herrschaft Landskron und einige andere Realitäten der Stadt im Lizitationswege veräußert werden mußten. Als Käufer trat Franz Xaver Fraydt von Fraydenegg auf. Der Magistrat erhob zwar noch Jahre später gegen diese Veräußerung Protest, bis Kaiser Joseph II. selbst das letzte Wort sprach und diesen endgültig abwies.

Entscheidend in der Protestantenpolitik der Regierung war das Jahr 1777. Am 23. Juli erzwang Joseph als Mitregent durch seine Rücktrittsdrohung eine entscheidende politische Kursänderung. Maria Theresia gewährte am 14. November eine „stillschweigende Toleranz". So stellte dieses Jahr de facto das Ende der Gegenreformation in Österreich dar. Die de jure Anerkennung des Protestantismus erfolgte dann 1781.

Das 18. Jahrhundert und der große Stadtbrand von 1792

Ein Jahr nach dem Ableben Maria Theresias Ende November 1780 erließ Joseph als nunmehriger Alleinherrscher am 20. Oktober 1781 – rückdatiert auf den 13. desselben Monats – das kaiserliche Toleranzpatent, das die freie Religionsausübung sowie gleiche Rechte für alle protestantischen Bekenntnisse und die griechische Kirche garantierte. Jeder nichtkatholischen Gemeinde mit mehr als 100 gläubigen Familien oder 500 Personen wurde die Errichtung eines Gotteshauses gestattet. Die Evangelischen konnten von nun an wieder offen auftreten. In Bruck an der Mur erhielten sie im Hause bei der Bartholomäuskirche einen Betsaal.

Protestantischer Betsaal

Papst Pius VI. reist durch Bruck

Die Schäden des Brandes von 1781, bei dem rund zehn Häuser den Flammen zum Opfer fielen, waren noch nicht beseitigt, als am 19. März 1782 Papst Pius VI. auf seiner Reise nach Wien durch Bruck kam. Anlaß der Reise war die Kirchenpolitik des Kaisers, der sich durch den Besuch des Heiligen Vaters jedoch nicht von seinen revolutionären Gedanken abbringen ließ.

Die finanzielle Lage Brucks war aus eigener Kraft nicht mehr in die Höhe zu bringen, so sahen sich jetzt die übergeordneten Stellen zum Eingreifen gezwungen. Nach der bereits erwähnten Zwangsveräußerung der Herrschaft Landskron mußte 1783 über Bruck die Zwangsverwaltung verhängt werden, die erst 1806, also nach 23 Jahren, wieder aufgehoben werden konnte. Verwalter war nun das Kreisamt.

Zwangsverwaltung wegen Überschuldung

Im selben Jahr erwirkte eine durch die damalige Seltenheit vielbeachtete Reise aus Afrika nach Wien die Aufmerksamkeit und Neugierde der Brucker. Der Kaiser von Marokko sandte eine Abordnung unter Führung von Muhamed Bend Abdul Malek nach Österreich zum Kaiser. Die ausländische Gesandtschaft erreichte im Dezember 1783 Bruck, wo die farbenprächtig gekleideten Hoheiten für einen großen Menschenauflauf sorgten.

1794 leitete Franz Adam Mitscha als Kreishauptmann das Kreisamt. Mitscha fand nicht nur als Beamter Anerkennung, sondern er spielte begeistert Klavier, Geige und Cello. Er schuf sich damals als fruchtbarer Komponist einen Namen und hinterließ an die 60 Werke. Sogar Wolfgang Amadeus Mozart, mit dem Mitscha im Briefverkehr stand, spielte seine Stücke und beurteilte sie sehr positiv.

Das Brucker Erzbistum wird aufgelassen, der Stadtpfarrer wird zum Prälaten

Im Rahmen seiner Reformtätigkeiten auf dem kirchlichen Sektor errichtete Joseph II. im Jahre 1785 in Leoben ein eigens Bistum, das für den Judenburger und Brucker Kreis zuständig sein sollte. Daher mußte jetzt das Brucker Erzpriestertum nach mehr als 300jähriger Existenz aufgelassen und auf ein Dekanat beschränkt werden. Auf Anordnung des späteren Kaisers Franz II. und eines Landtagsbeschlusses erhielt der Stadtpfarrer von Bruck 1794 die steirische Landsmannschaft, und Papst Pius VI. erhob ihn und dessen Nachfolger 1795 zu infulierten Prälaten.

Großen Schaden richtete 1787 ein Hochwasser an, das die Mürzbrücke mit sich riß. Um einen neuen Übergang finanzieren zu können, bat man den Landesherrn um Hilfe. Kaiser Joseph II. bewilligte daher ein neues Privileg, dessen Einnahmen ausschließlich diesem Brückenbau zugeführt werden mußten. Es sollte das letzte Privilegium in der langen Reihe der kaiserlichen Zuwendungen sein, das die Stadt erhalten hatte. Lediglich die Abhaltung eines Hornviehmarktes – zweimal jährlich, und zwar am 25. April und am 10. November – wäre noch zu erwähnen.

Als neuer Herrscher kam im März 1790 Leopold, Großherzog von Toskana, Bruder des im Februar verstorbenen Kaisers Joseph II., auf seiner Antrittsreise von Florenz durch Bruck. Einen weiteren Besuch stattete der Landesherr der Stadt Mitte September, einige Tage vor seiner Kaiser-

Erinnerungsurkunde der Schützengesellschaft an das Festschießen mit den hohen Gästen im September 1790.

krönung in Frankfurt ab. In seiner Begleitung befanden sich seine Gemahlin, die Erzherzöge Franz Ferdinand und Alexander Leopold sowie Ferdinand IV., König von Neapel und Sizilien. Die hohen Herrschaften hielten sich sechs Tage in der Stadt auf, und die männlichen Hoheiten ließen es sich aber nicht nehmen, auf der bürgerlichen Schießstätte des Brucker Schützenvereins einige Schüsse auf die Scheibe abzugeben.

Der Künstler Johann Georg Eisenschmied stellt auf diesem 159 x 81 cm großen Gemälde den Stadtbrand vom 5. Jänner 1781 dar. In der langen Reihe von Brandkatastrophen spielt diese eher eine untergeordnete Rolle. Damals sollen lediglich zehn Häuser niedergebrannt sein. Doch nur elf Jahre später legte eine Feuerkatastrophe die Stadt in Schutt und Asche. So ist also Eisenschmieds Gemälde die letzte derzeit bekannte bildliche Darstellung der Stadt im 18. Jhd. vor der großen Katastrophe.

Im Jahre 1792, als völlig unerwartet der erst 44jährige Kaiser Leopold II. starb, traf die Stadt Bruck an der Mur der wohl schwerste Schicksalsschlag ihrer Geschichte:

Am 3. September brach gegen vier Uhr nachmittags in der Scheune des Sattlermeisters Johann Schmitt Feuer aus. Infolge eines heftigen Sturmwinds breiteten sich die Flammen innerhalb weniger Stunden über die ganze Stadt aus. Von den 166 Häusern wurden 164 ganz oder teilweise eingeäschert. Ebenso fielen das Schloß Landskron und die Stadtpfarrkirche mit dem Pfarrhof dem Feuer zum Opfer.

Durch die damalige enge Bauart der Häuser und die Schindeldächer sowie die vielen hölzernen Stallungen und Scheunen in den Hinterhöfen

blieben alle Bemühungen, die Flammen zu bekämpfen, erfolglos. Da halfen neben der einzigen Feuerspritze der Stadt auch die Kapfenberger und Kindberger Löschgeräte nicht viel. Wie groß der Einsatz der Hilfsmannschaften war, zeigt das Beispiel der Leobner Mannschaft. Als ihre Pferde vor dem brennenden Leobnertor scheuten und nicht weiter wollten, zogen sie selbst die Spritze unter Lebensgefahr in die Stadt.

Große Gefahr drohte auch der hölzernen Grazer Brücke. Durch den starken Wind und die Windrichtung begünstigt, schien dieser wichtige Murübergang durch die angewehten brennenden Schindeln ebenfalls Feuer zu fangen. Einer Abteilung des in Bruck stationierten Regiments unter Leutnant Baron Kollmann gelang es wirklich im letzten Augenblick, die Brücke zu retten.

Ein Großbrand äschert die ganze Stadt ein, nur zwei Häuser bleiben stehen

Nach dem Verlöschen der Flammen bot sich ein Bild des Jammers: Der Schaden war unermeßlich. 153 Familien, deren Häuser niedergebrannt waren, und über 200 Untermieter verloren in wenigen Stunden das Dach über dem Kopf und ihr gesamtes Hab und Gut. Auch Todesopfer waren zu beklagen. Schwer und groß war die Aufgabe, die jetzt auf den Brucker Magistrat unter Bürgermeister Franz Joseph Etzer zukam.

Bald setzten von allen Seiten Hilfeleistungen ein. In ganz Österreich wurden Sammlungen für das abgebrannte Bruck veranstaltet. Eine Spendenaktion in der Reichshauptstadt Wien ergab rund 13.000 Gulden. Kaiser Franz II. spendete 13.500 Gulden, der König von Neapel – zwei Jahre zuvor Gast der Stadt – 10.000 Gulden und die Landeshauptstadt Graz ebenfalls 10.000 Gulden. Alle Sammelgelder zusammen dürften die Summe von 50.000 Gulden erreicht haben, der aber eine erste Schadensschätzung von 460.000 Gulden gegenüberstand.

Hilfssammlungen für Bruck

Die einlaufenden Hilfsgelder wurden von Bürgermeister Etzer als „Milde-Gaben-Kasse“ unter Oberaufsicht des Kreisamtes verwaltet. Seine Aufgabe war es, das Leben in der zerstörten Stadt zu ordnen, Notunterkünfte zu schaffen und den Wiederaufbau zu leiten. Sehr in Frage gestellt war die Wiedererrichtung der durch den Brand stark in Mitleidenschaft gezogenen Liebfrauenkirche. Von maßgebender Stelle war nämlich die Verfügung eingetroffen, die Minoritenkirche als Stadtpfarrkirche und das anstoßende, 1782 durch das kaiserliche Patent aufgehobene, Minoritenkloster als Pfarrhof zu verwenden. Diese Verordnung wurde dann auf Drängen der gesamten Brucker Bürgerschaft zurückgenommen, und die Instandsetzung der Stadtpfarrkirche am Hohen Markt bewilligt. Inzwischen diente zwar die Minoritenkirche als Ausweiche, da sie im Inneren weitgehend vom Feuer verschont geblieben war, doch schon am 10. September – also kaum eine Woche nach dem Brand – feierten die Bürger hier ihren ersten Gottesdienst.

Noch im selben Jahr, am 6. Dezember 1792, kam es durch die Unachtsamkeit einer Dienstmagd in der heutigen Roseggergasse abermals zu einem Brand. Diesmal konnten die Flammen, die durch einen brennenden Kienspan verursacht worden waren, rasch unter Kontrolle gebracht werden. Die ungeschickte Brandstifterin mußte jedoch zwölf Stunden am Pranger ihre Tat büßen.

Veränderungen durch den Wiederaufbau

Der Wiederaufbau der Stadt brachte einige Veränderungen des Stadtbildes mit sich. Der Minoritengarten vor dem Gasthof „Zum schwarzen Adler" wurde für Straßenzwecke verwendet, das Wienertor abgetragen und ein Straßenzug vor der Mittergasse über den Minoritenplatz zur Mürzbrücke eröffnet. Das Rathaus mußte gänzlich neu aufgeführt werden. Im Zuge des Neubaus setzte man die Front gegenüber dem Apothekerhaus stark zurück und legte eine neue Gasse (heute Anzengrubergasse) an.

In der Mitte des Hauptplatzes errichteten die Stadtväter 1795 knapp neben der Votivsäule einen neuen Brunnen. Der sogenannte „Steinerne Brunnen" war von der Wiener Hofkammer bewilligt worden. Er stand bis zu seiner Abtragung in den 40er Jahren unseres Jahrhunderts am Hauptplatz. Die Stadt besaß jetzt fünf öffentliche Brunnen, die ihr Wasser zum Teil durch hölzerne Röhren aus dem Holzgraben erhielten.

Der steinerne Brunnen, auch „Neptunbrunnen", am Hauptplatz. Die Neptunstatue (li.) gab dem Brunnen seinen Namen; heute in Privatbesitz.

Die Inschrift am Brunnen lautete:

„Erbauet durch die unvergesslichen Wohltaten aller Mitbürger des österreichischen Staates nach der schröcklichen Feuersbrunst des Jahres 1792 durch Meister Franz Pack und Söhne im Jahre 1795."

Franzosenzeit

Krieg gegen Frankreich

Mit der französischen Kriegserklärung vom 20. April 1792 begann der erste Koalitionskrieg gegen das revolutionäre Frankreich und eine Koalition verschiedener europäischer Staaten. Verlangten die ersten Kriegsjahre von den Brucker Bürgern nur Militärdienst, erhöhte Steuern oder Zwangsdarlehen, so erlebte die Stadt 1797 den ersten Einfall der Franzosen.

Die österreichischen Heere hatten den Gegner in Belgien und Süddeutschland mehrmals geschlagen, die Entscheidung fiel aber in Oberitalien, wo Napoleon die Österreicher aus der Lombardei ganz verdrängen konnte. Erzherzog Karl, der jüngere Bruder des Kaisers und seit 1796 Oberbefehlshaber der österreichischen Armee, mußte sich zurückziehen und Villach sowie Klagenfurt aufgeben. Karl marschierte über den Neumarkter Sattel bis nach Bruck an der Mur, wo er am 4. April 1797 eintraf. Drei Tage später wurde auf Vorschlag Napoleons in Judenburg ein Waffenstillstand geschlossen, der ihm die Hauptlinien von Windisch-Feistritz bis Bruck und von hier über Leoben bis Irdning auslieferte. Am 7. April rückte der französische Vortrupp in Bruck ein, tags darauf Napoleon Bonaparte mit dem Gros seiner Armee. Nur die Mürz trennte die beiden gegnerischen Heere. Viele Bewohner flohen. Von Graz, das am 10. April besetzt worden war, kehrte Napoleon nach Leoben zurück und schloß mit Erzherzog Karl im Gartenhaus des Radgewerken Eggenwald am 18. April den Vorfrieden von Leoben, der schließlich am 17. Oktober zum Frieden von Campoformido bei Udine führte.

Napoleon Bonaparte in der Stadt

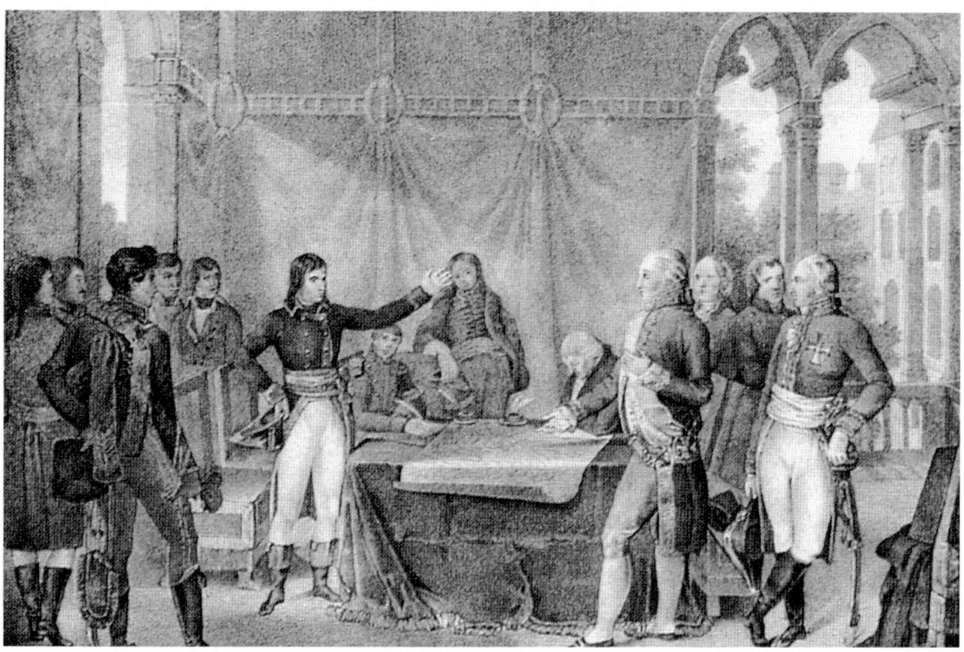

Napoleon vor der Unterzeichnung des Vorfriedens von Leoben am 18. April 1797.

General Massena.

Obwohl die Besatzer nur 19 Tage blieben – sie zogen bereits am 25. April wieder ab –, hatte die Zivilbevölkerung der Obersteiermark sehr unter den Requisitionen und den Übergriffen der Franzosen zu leiden. In dieser Zeit machten besonders die beiden französischen Generäle Massena und Gujiux durch ihr skrupelloses und hartes Vorgehen gegenüber der Bevölkerung von sich reden.

In der kurzen Friedenszeit stiftete der Besitzer der Einkehrgasthöfe „Zum schwarzen Adler" und „Zum güldenen Straußen", Johann Bapist Schilcher, „laut Contrakt vom 24. März 1798" die größte Glocke der Stadtpfarrkirche. Sie wurde ebenso wie die aus den Jahren 1792 und 1794 stammenden Glocken des Geläutes in der Werkstatt des Grazer Glockengießers Feltl gegossen.

Der Friede mit Frankreich währte nicht lange. Als Napoleon in Ägypten Krieg führte, schlossen sich Österreich, England und Rußland zusammen und erklärten 1799 den Zweiten Koalitionskrieg gegen Napoleon. Russische Regimenter, die auf der Seite der Koalition kämpften, zogen durch die Steiermark zum italienischen Kriegsschauplatz. Auch ihr bedeutender Feldherr, General Suwarow, hielt sich auf dem Marsch nach Klagenfurt im April 1799 in Bruck an der Mur auf.

Erzherzog Johann als Generalgeniedirektor (1805).

Dieser neuerliche Waffengang, in dem der erst 18jährige Erzherzog Johann – nur formell – die Verantwortung für ein eigenes Kommando trug, endete mit einer empfindlichen Niederlage Österreichs und einer starken Schwächung des Kaisertums. Der Feind drang wiederum in die Obersteiermark ein und errichtete in Leoben sein Hauptquartier. Bruck blieb diesmal glücklicherweise von Plünderungen und Kontributionszahlungen verschont, da es knapp außerhalb der Demarkationslinie lag.

Der Friede von Lunéville, der im wesentlichen die Bestimmungen von Campoformido bestätigte, beendete 1801 den Zweiten Koalitionskrieg und befreite das Oberland langsam von den Franzosen, die im März abzogen.

Recht unerwünscht in diesem Krieg war die Hilfe des Corps Condè, das, aus französischen Flüchtlingen bestehend, an der Seite der Koalition gegen Napoleon kämpfte. Das Corps, ca. 5.500 Mann stark, kam Ende Dezember des Jahres 1800 nach Bruck und stand bereits kurz vor seiner Auflösung. Am 15. Jänner 1801 zog es der Mur entlang nach Graz und Windisch-Feistritz, wo es schließlich 1802 gänzlich zerfiel.

Wieder Brand – Ursache: die Holzbauweise der meisten Häuser

In den folgenden Friedensjahren brach 1803 in der Stadt abermals ein Brand aus, dem 18 Häuser und wiederum das Minoritenkloster zum Opfer fielen. Zwar verlangten neue Bauordnungen die Errichtung von Neubauten aus Stein, doch viele Bauherren konnten sich aus finanziellen Gründen nicht daran halten, und so blieb größtenteils die alte, feuergefährliche Holzbauweise weiterhin in Gebrauch. Auch die gefährlichen Heuhaufen in den Hinterhöfen konnten nicht ausgeräumt werden.

Als sich Napoleon im Mai 1804 zum erblichen Kaiser der Franzosen ernannte, nahm Kaiser Franz II., der schon lange die Vererbbarkeit seines Kaisertums gewünscht hatte, am 10. August 1804 den Titel „Erblicher Kaiser von Österreich" an.

„Erblicher Kaiser von Österreich"

Der kaiserliche Oberbefehlshaber Erzherzog Karl reiste am 17. September über Bruck an der Mur nach Italien, um wieder das Kommando der Armee zu übernehmen, obwohl er einem neuen Krieg eher skeptisch gegenüberstand. Trotzdem trat Österreich im August 1805 der englisch-russischen Koalition gegen Frankreich bei, der sich schließlich auch Schweden anschloß. Tatsächlich aber nahm dieser Dritte Koalitionskrieg einen höchst unglücklichen Verlauf.

Dritter Koalitionskrieg

Feldmarschalleutnant Meerveldt zog mit seinem Korps von Oberösterreich in Richtung Mariazell. Der Feind eilte nach und rieb es in ununterbrochenen Kämpfen auf. Die österreichischen Bataillone mußten sich am 8. November unter andauernden Gefechten und schweren Angriffen von Mariazell über Seewiesen und Aflenz nach Bruck zurückziehen. Von hier ging die Verfolgung weiter bis über Graz hinaus. Erst bei Fürstenfeld konnte Meerveldt seine Truppen sammeln und verstärken.

Zur selben Zeit zog ein zweites französisches Corps unter Führung Marmonts das Ennstal aufwärts und drang am 9. November über Eisenerz und Vordernberg bis nach Leoben vor. Eine Abteilung der Franzosen ging auf Gebirgswegen nach Etmißl und rückte mit jener von Leoben am 10. November in Bruck und am 14. in Graz ein.

Gegen Ende desselben Jahres soll sich Kaiser Napoleon ein zweites Mal in Bruck an der Mur aufgehalten haben.

Trotz des Seesieges Lord Nelsons bei Trafalgar ging dieser Krieg durch die Niederlage des vereinigten österreichisch-russischen Heeres bei der entscheidenden „Drei-Kaiser-Schlacht" (2. Dezember 1805) bei Austerlitz in Mähren verloren. Der darauffolgende Waffenstillstand öffnete die gesamte Steiermark den Franzosen, und die Besatzung wurde auf das ganze Land ausgedehnt. In Bruck stand eine ganze Division, ungeheure Kontributionen wurden vorgeschrieben. Im Frieden von Preßburg, am 27. Dezember 1805, mußte Österreich, von Rußland allein gelassen, die drückenden Friedensbedingungen Napoleons akzeptieren, die in weiterer Folge zum Zusammenbruch des alten „Heiligen Römischen Reiches Deutscher Nation" führten. Bruck an der Mur wurde am 1. Jänner 1806 von der französischen Besatzung geräumt.

Französische Besatzung in Bruck

Die andauernden Auseinandersetzungen mit Frankreich, die die österreichischen Länder schwer belasteten, ließen für verschiedene, unbedingt erforderliche Maßnahmen keinen Aufschub mehr zu. So kaufte das k. k. Militär-Ärar in Bruck laut Kaufvertrag von 1804 und 1805 mehrere Grundstücke auf dem sogenannten Mürzfeld vor dem Wienertor. Hier wurde 1806 ein Militärverpflegsmagazin erbaut, das in den folgenden Kriegsjahren wertvolle Dienste leistete.

Von der Mürztaler Bauerntracht übernommene Landwehruniform.

Als Napoleon die Gründung des sogenannten Rheinbundes veranlaßte, dessen 16 Mitglieder ihr Ausscheiden aus dem Reich verkündeten, legte Kaiser Franz II. unter dem Druck Frankreichs am 6. August 1806 die römisch-deutsche Kaiserkrone zurück, die sein Geschlecht 368 Jahre nahezu ununterbrochen getragen hatte. Gleichzeitig gab er die Auflösung des „Heiligen Römischen Reiches Deutscher Nation" bekannt und regierte fortan als Kaiser Franz I. ausschließlich das Kaiserreich Österreich.

Aber noch ein viertes Mal kamen die Franzosen ins Land. Österreich begann sich auf einen neuen Waffengang mit Frankreich vorzubereiten, da der Friede von Preßburg dem Kaiser zuviel gekostet hatte und außerdem nur als Waffenstillstand betrachtet wurde. Die maßgebenden Männer in Wien hatten endlich begriffen, daß es unmöglich sei, das revolutionäre Frankreich niederzuringen, ohne sich dessen neuen Kampf- und Organisationsmethoden anzupassen. So erfolgte für den Kreis Bruck am 2. April 1809 die Fahnenweihe und der Kriegsschwur der von Erzherzog Karl und Erzherzog Johann ein Jahr zuvor errichteten Landwehr. Alle wehrfähigen Männer vom 18. bis zum 45. Lebensjahr, soweit sie nicht vom Wehrdienst befreit waren, nicht bereits in der Armee dienten oder in die Reserve eingeteilt waren, unterstanden der Landwehrpflicht. In der Steiermark waren 13 Bataillone, zwei davon in Bruck unter der Leitung des k. k. Gubernialsrates und Kreishauptmannes Freiherr von Doblhoff stationiert.

Jetzt beschlossen die verantwortlichen Staatsmänner, gegen den anfänglichen Widerstand des Kriegsministers Erzherzog Karl, den Krieg mit Frankreich zu wagen. Die Franzosen drangen wieder in die Steiermark ein. Bei St. Michael stießen sie unter der Führung des italienischen Vizekönigs auf die Österreicher unter Jellachich. Im folgenden Gefecht, es dauerte etwa zehn Minuten, erlitten die Österreicher so schwere Verluste, daß sie sich murabwärts zurückziehen mußten. Die Franzosen rückten nach und besetzten Leoben. Jellachich zog mit einem von Trofaiach kommenden Bataillon nach Bruck. Die bereits in der Vorstadt in Stellung gegangenen Gegner wurden durch einen heftigen Bajonettangriff vertrieben, der Rest der von den eigenen Leuten abgetragenen Brücke wurde wieder gebrauchsfähig gemacht und anschließend marschierte man weiter. Am 27. Mai folgte die französisch-italienische Armee nach, besetzte das ganze Mürztal und drang bis Frohnleiten vor, das dabei in Flammen aufging. Das französische Hauptquartier unter dem General en Chef Macdonald befand sich bis zum 30. Mai in Bruck und wurde, nachdem Major Hackher Graz, aber nicht den Schloßberg, übergeben hatte, in die Landeshauptstadt verlegt.

Marschall Alexander Macdonald.

Die Besatzungszeit – die Franzosen blieben bis zum 2. Jänner 1810 in der Stadt – war seit langem die schwerste Belastung für die Bevölkerung. Nicht nur die Bürger, sondern auch die Bürgermeister waren täglich Mißhandlungen ausgesetzt. Durch unerschwingliche Verpflegskosten, Plünderungen, Verwüstungen und ständige Truppendurchzüge – so zog z. B. das Armeekorps des k. k. Generalfeldmarschall-Leutnants Gyulai mit 30.000 Mann durch Bruck – verarmte die Stadt gänzlich. Laut Aufzeichnung einer Kommission gab es während der Besatzung nur mehr acht wohlhabende Bürgerhäuser. Aus diesem Grund, so heißt es im Bericht, wurden der Stadt Bruck an der Mur „nur" 20.000 Gulden Kontributionszahlungen auferlegt. Dieser Zustand brachte die Einwohner fast zur Verzweiflung, mußte man doch mit ansehen, wie die hier stationierten oder durchreisenden französischen Offiziere in den Gasthöfen in Saus und Braus lebten. In diesen schwierigen Monaten führte Bürgermeister Krall in bewundernswerter Weise sein Amt.

Die Stadt verarmt gänzlich

Während dieser Zeit hatte sich der Brucker Bürger Baron Vauthier de Baillamond – ein geborener Franzose und früherer k. k. Offizier, jetzt Tabakhauptverleger in der Stadt – durch seine diplomatischen Dienste um Bruck sehr verdient gemacht. Er soll unter anderem im Laufe geschickter Verhandlungen mit der französischen Kommandantur verhindert haben, daß der bereits beschlossene Abbruch beider Murbrücken letztendlich doch nicht erfolgte.

Friede von Schönbrunn

Als sich die Franzosen nach dem Frieden von Schönbrunn (Oktober 1809) aus den besetzten Gebieten zurückzogen, nahmen sie die am Schloßberg aufgestellten Kanonen mit. Als Ersatz bewilligte Kaiser Franz laut Hofkanzleiverordnung vom 3. März 1815 die Stationierung von sechs erbeuteten französischen Kanonen samt Lafetten, die in den Jahren 1792 und 1793 in Paris gegossen wurde.

Historische Kanonen in der Kanonenhütte am Schloßberg.

Das 19. Jahrhundert

Errichtung eines Theatergebäudes

Der sehnliche Wunsch einiger Brucker Bürger, endlich ein eigenes Stadttheater zu besitzen, trat schon Ende des 18. Jahrhunderts immer häufiger auf. Durch den großen Stadtbrand und die Franzoseneinfälle mußte dieser Gedanke mehrmals verdrängt werden. Nach dem endgültigen Abzug der Franzosen bildete sich 1819 auf Anregung des Stadtpfarrpropstes

Das alte Stadttheater in der Herzog-Ernst-Gasse.

Josef Edler von Rosenthal ein Theater-Wohltätigkeitsverein, der auf der Brandstätte des ehemaligen Mitterbräuers neben der Burgkaserne ein Theatergebäude zu errichten begann.

Die Eröffnungsvorstellung im Theater – für dessen Bau Steine der Ruine Landskron verwendet wurden – fand bereits am 13. Februar 1820 zur Geburtstagsfeier des Kaisers mit Schillers Ballade „Der Graf von Habsburg" statt. Infolge unbedingt notwendiger Umbauten wurde dieses Haus aber erst am 21. Juli 1822 der Öffentlichkeit übergeben und mit einem geregelten Spielbetrieb begonnen.

Wieder hohe Gäste

Zu Beginn des Jahres 1821 konnte die Brucker Bevölkerung wieder einmal hohe Gäste in ihrer Stadt begrüßen. Durch Bruck fuhren – nachdem bereits der englische Feldherr Herzog Wellington nach Beendigung des Wiener Kongresses diese Stadt passiert hatte – am 2. Jänner Kaiser Franz I. von Österreich und einen Tag später Zar Alexander von Rußland. Ziel der Reise der beiden Hoheiten war Laibach, wo sie an einem Kongreß teilnehmen wollten.

1827 trat die Mur, bedingt durch unaufhörliche Regengüsse und heftige Unwetter, aus ihren Ufern und riß mehrere Brücken weg, unter anderem auch die Leobner-Brücke (Spitalsbrücke) in Bruck. Mehrere Jahre mußte die Bürgerschaft nun auf einen festen Übergang verzichten. Unter Benützung eines teilweise vorhandenen Gemeindeweges wurde eine Notstraße von St. Ruprecht über die Postwiese zur Grazer-Brücke eröffnet (heute Leobner Straße) und bei St. Ruprecht eine behelfsmäßige Überfuhr errichtet. Man spannte ein Seil von einem Ufer zum anderen, an dem ein Kahn festgemacht wurde, der als Fähre diente.

Bootsunglück auf der Mur

Am 21. September 1828 ereignete sich hier während einer Überfahrt ein schweres Unglück. Das Seil des Überfuhrbootes riß, der Kahn zerschellte an einem noch aus dem Wasser ragenden Brückenjoch, und mehrere Personen ertranken in der Mur.

Brückenneubau

Den Petitionen des Magistrates war es schließlich zu verdanken, daß im Jahre 1830 ein Neubau der Brücke in Angriff genommen werden konnte. Zur Aufbringung der hohen Baukosten bewilligte die Hofkanzlei für kurze Zeit die Einhebung einer Brückenmaut. Der fertige Bau wurde schließlich von Kaiser Franz I. dem Verkehr übergeben.

Knabenerziehungsinstitut im Kapuzinerkloster

Eine neue Aufgabe wurde dem Gebäude des Kapuzinerklosters zugedacht. Das Knabenerziehungsinstitut des heimischen 27. Infanterie-Regiments Piret fand hier im Jahre 1833 eine neue Unterkunft. Doch bereits neun Jahre später verlegten es die zuständigen Stellen wieder nach Graz zurück.

Das Kloster war bereits 1816 aufgehoben worden, da sich in den letzten Jahren nur mehr zwei Ordenspriester und drei Laienbrüder im Kloster befanden, zwei Kapuzinermönche wirkten in weltlichen Pfarren. Der letzte Guardian des Brucker Kapuzinerkonvents war Andreas Wallner

(P. Amandus). Die Ordensbrüder wurden in das Kapuzinerkloster von Hartberg versetzt. Nach der Aufhebung bat Propst von Rosenthal das Ordinariat in Graz um die Erlaubnis, die Kirche zu exsekrieren. Die Ermächtigung dazu wurde ihm am 26. Februar 1817 erteilt.

Eine Einrichtung, die als bedeutender Zuwachs für die Stadt zu werten ist, war 1834 die Einführung der k. k. Cameral-Bezirksverwaltung, die die hier ansässige k. k. Gefällen-Inspektorats-Verwaltung ablöste und für den Judenburger und Brucker Kreis zuständig war.

Seit 1835 lagen die Regierungsgeschäfte in der Hand Ferdinands I., der als Sohn von Kaiser Franz am 2. März die Nachfolge antrat, obwohl dem kränkelnden und geistig nicht sehr regen Thronfolger die Eignung für dieses schwere Amt fehlte.

Kaiser Ferdinand reist durch die Stadt

Auf einer Reise in das lombardisch-venetische Königreich traf Ferdinand mit seiner Gemahlin am 6. August 1838 zur Übernachtung in Bruck ein. Am nächsten Tag ging die Fahrt weiter nach Mailand, wo der Kaiser im September mit der „eisernen Krone von Monza" gekrönt wurde. Auf der Heimreise nach Wien wurde am 25. Oktober nochmals Bruck an der Mur passiert.

Eröffnung der Eisenbahnlinie

Am 21. Oktober 1844 gab es in Bruck ein Großereignis zu feiern. Die von der einstigen Feste Landskron abgefeuerten Kanonen verkündeten eine neue Ära. Die Eisenbahnstrecke Mürzzuschlag – Bruck – Graz war fertiggestellt und wurde durch Erzherzog Johann feierlich eröffnet.

Der Erzherzog gehörte zu den wenigen Männern, die frühzeitig den großen Wert der Eisenbahn erkannten und ihren Bau befürworteten. Die

Der neue Bahnhof unmittelbar nach seiner Fertigstellung. Bleistiftzeichnung Johann Tendlers (1844).

Regierung in Wien wollte zunächst die Bahnverbindung Wien – Triest durch Westungarn führen und erst bei Friedau in die Steiermark einleiten, weil der Semmering damals für unüberwindbar galt. Dies wäre aber ein unberechenbarer Schaden für die Obersteiermark und die Landeshauptstadt gewesen, und so bewirkte Erzherzog Johann vorerst den Bau der Bahn von Mürzzuschlag nach Graz. Bis zur Eröffnung der Teilstrecke über den Semmering wurde der Verkehr von Gloggnitz nach Mürzzuschlag von Pferdefuhrwerken bewältigt. Unter großem Jubel der Bevölkerung fuhr der erste Zug mit dem „steirischen" Erzherzog in Bruck ein. Die Namen der ersten Lokomotiven, „Eisenerz", „Vordernberg" und „Leoben" zeigen deutlich die Intention des Erzherzogs, den steirischen Schienenstrang auch nach Westen zu verlängern. Nach kurzem Aufenthalt am neuen Bahnhofsgelände ging die Fahrt nach Graz weiter.

Bauarbeiten an der Bahnstrecke.

Der Zar fährt mit einem Sonderzug über Bruck nach Mürzzuschlag

Am 29. Dezember 1845 befand sich der Kaiser von Rußland, Zar Nikolaus I., in Bruck. Der hohe Gast hatte in Palermo seine kranke Gemahlin besucht und befand sich nun auf dem Heimweg. Am nächsten Tag fuhr der Zar mit einem Sonderzug auf der neuen steirischen Eisenbahnstrecke bis Mürzzuschlag, von wo er seine Reise in einer Kalesche fortsetzte.

Eine hohe Festlichkeit ereignete sich am 16. November 1846 in der Minoritenkirche. Der Graf von Chambrod, Enkel Karls X. von Bourbon, vermählte sich in Bruck mit der Großnichte Kaiser Leopolds II., Marie Theresia Beatrix Cajetana d' Este. Die Hochzeit war die Folge eines Versprechens, das der Graf in Bruck gegeben hatte, als er nach schwerer Krankheit in der Stadt wiederum gesundgepflegt worden war.

Feierliche Hochzeit des Hochadels in der Minoritenkirche.

Das Jahr 1848 brachte für Österreich und somit auch für Bruck eine Wende. In diesem Jahr explodierte die seit langem aufgestaute Unzufriedenheit des Volkes über Zustände, die nicht mehr länger zu ertragen waren. Im März brach in Wien eine offene Revolution aus. Der Hauptverantwortliche Staatskanzler Metternich floh nach England, Kriegsminister Latour wurde vom aufgebrachten Volk kurzerhand auf einem Laternenmast aufgehängt.

Nachdem die Unruhen in der Reichshauptstadt im Herbst niedergeschlagen worden waren, wurde Kaiser Ferdinand zum Rücktritt gezwungen. Sein Bruder, Erzherzog Franz Karl, verzichtete zugunsten seines Sohnes Franz Joseph auf den Thron. Der erst 18jährige Erzherzog übernahm am 2. Dezember 1848 als Kaiser Franz Joseph I. von Österreich die Regierung in der Donaumonarchie.

Zwar war die Reichshauptstadt Wien das Zentrum der Revolution in Österreich, doch wurde in Bruck an der Mur im Mai 1848 zur Aufrechterhaltung der Ordnung eine Nationalgarde (bis 1851) errichtet. Der Brukker Bürger Baron Vauthier de Baillamond stiftete ihr eine kostbare Fahne und übergab dem Kommandanten, Herrn Karl Littmann, seine eigene Waffe und die seines Sohnes aus dem Jahre 1809.

Die 1848-er Revolution

Die politische Veränderung der Jahre 1848/49 – ausgelöst durch die Revolution – wirkten sich auf das ganze Land und folglich auch auf Bruck aus. Man arbeitete an verschiedenen Reformen der inneren Verwaltung. So wurden 1849 nicht nur der Stadtmagistrat gänzlich aufgehoben und eine Gemeindevertretung gewählt, sondern auch das k. k. Kreisamt aufgelöst und vorerst in eine Kreisregierung umgewandelt. An deren Stelle errichtete man 1854 die Bezirkshauptmannschaft, das Bezirksge-

Aufstellung der Nationalgarde zur Fahnenweihe am 20. August 1848 auf dem Hauptplatz.

richt und das Steueramt. Untergebracht waren diese Ämter seit dem Jahre 1782 im aufgelassenen Minoritenkloster, das dann auch bis 1974 als Amtsgebäude diente.

Bezirkshauptmannschaft, Bezirksgericht und Steueramt

Eine tragische Episode ereignete sich im Jahre 1849 in der Stadt, die mit der Niederwerfung der Aufstände in Italien unter Feldmarschall Radetzky in Zusammenhang stand.

Desertierte Palatinal-Husaren kämpfen vor Bruck

Von dem über die Obersteiermark zum italienischen Kriegsschauplatz marschierenden k. u. k. Regiment der Palatinal-Husaren desertierte am 10. Juni ein Großteil der Mannschaft und wollte nach Ungarn in seine Heimat fliehen. Bei St. Michael kam es zum Gefecht mit den von Bruck rasch aufmarschierten zwei Kompanien des k. u. k. Infantrie-Regiments Bianchi. Die Deserteure verloren elf Mann, sieben wurden verwundet und 35 gefangengenommen. Der Rest brach durch, umritt Leoben, fiel aber in Bruck an der Mur nach kurzem Kampf, wobei zwei Husaren ums Leben kamen, dem dortigen Militär unter Oberleutnant Jungbauer und der Nationalgarde in die Hände. Niemand konnte entkommen. Das sofort eingesetzte Kriegsgericht sprach ein strenges Urteil über die Gefangenen aus. Die Anstifter wurden zum Tode durch Erschießen verurteilt und der Rechtsspruch sofort vollstreckt.

Karl Morré vollendete in Bruck sein Volksstück „'s Nullerl".

Als Finanzbeamter kam im Jahre 1857 der Schriftsteller Karl Morré nach Bruck. Der Dichter, der am gesellschaftlichen Leben der Stadt regen Anteil nahm, wirkte viele Jahre im Gesangsverein verdienstvoll mit und war Mitbegründer der Feuerwehr. Er vollendete hier als Sommergast der Bürgermeisterfamilie Till das bekannte Volksstück „'s Nullerl", welches im hiesigen Theater 1884 seine Uraufführung erlebte.

Nachdem schon die strengen Bestimmungen des Toleranzediktes im Laufe der 48er-Verfassungskämpfe eine Lockerung erfuhren und dadurch den Evangelischen endlich die gesetzliche Gleichberechtigung mit der katholischen Kirche brachten, trennten sich die Brucker Protestanten 1858 von der Mutterpfarre Wald am Schoberpaß und konstituierten sich neu als Tochtergemeinde von Graz. Der Neubeginn des öffentlichen evangelischen Glaubenslebens in Bruck ist mit dem Jahr 1859 anzusetzen, weil damals der Wiener Superintendent Rupert Franz die St.-Bartholomäus-Kirche, die 1850 von einem evangelischen Kaufmann gekauft worden war, als Kirche der evangelischen Gemeinde Brucks weihte. Als die Kirche 1861 wieder in katholischen Besitz überging, wurden die Gottesdienste in Wohnhäusern und anschließend im durch Adaptierung neu geschaffenen Betsaal in der Schiffgasse abgehalten. In dieser Zeit erfolgte auch die Umpfarrung in die neue Pfarrgemeinde Mürzzuschlag.

Die protestantische Kirche in der Murvorstadt.

Sparkasse der Stadt Bruck an der Mur

1861 entstand die Sparkasse der Stadt Bruck, die vorerst im Rathaus untergebracht war und für die die Stadtgemeinde die Haftung übernommen hatte. Der erste Rechnungsabschluß des Geldinstitutes erschien 1862 und wies einen Einlagestand von 45.719 Gulden 95 Kreuzer aus.

Bahnverbindung Bruck – Leoben

Als im Jahr 1868 die Bahnverbindung Bruck–Leoben eröffnet wurde, entwickelte sich die Stadt zu einem wichtigen Bahnknotenpunkt. Damit war nun endgültig die Zeit der Murflößer vorbei. Die bedeutendste Errungenschaft des technischen Zeitalters, die Eisenbahn, erzwang jetzt als neues Verkehrsmittel den Wechsel des Warentransports vom Wasserweg auf den Landweg. Kurz nach der Ausfahrt aus dem Bahnhof, egal ob die Bahn Bruck in Richtung Ober- oder Unterland verläßt, grüßt heute noch das Nikolauskirchlein, einst von den Flößern erbaut, den Reisenden.

Landschaftsmotiv neben der Eisenbahn südlich von Bruck.

Im selben Jahr konstituierte sich die Freiwillige Feuerwehr, in der sich in der Folge auch eine Rettungsabteilung entwickelte. 1870 wurde hier ein Antrag zu Errichtung einer Apotheke im Beiwagen der Freiwilligen Feuerwehr gestellt.

Bereits ein Jahr zuvor war ein freieres Vereinsgesetz wirksam geworden. Dies ermöglichte die Bildung des sogenannten „Fünften Standes", des Arbeiterstandes, der seit 1848 den Kampf um seine staatsbürgerlichen Rechte aufgenommen hatte. Der damalige geringe soziale Rückhalt dieses Standes mußte erst durch langwieriges Ringen erstritten und gefestigt werden. Die Arbeiterschaft schloß sich also zur Wahrung ihrer Interessen zusammen. Es ging ihr um wirtschaftliche Interessen, da die Löhne gering waren und auf die Familienverhältnisse des Arbeiters keine Rücksicht nahmen. Es ging aber auch um Bildungsprobleme. Ende 1868

Zusammenschluß der Arbeiter zur Wahrung ihrer Interessen

legte der „Arbeiter-Wirthschafts- und Consum-Verein Selbsthülfe" seine Statuten der Bezirkshauptmannschaft Bruck und der Statthalterei Graz vor, welche die Gründung genehmigten.

Arbeitervereine

Zweck des Vereins, der seinen Sitz in Thörl hatte und für Aflenz und die ganze Umgebung von Bruck zuständig sein wollte, war es, Kapital zu gründen und die Herbeischaffung der für den Lebensunterhalt der Mitglieder notwendigen Bedürfnisse zu möglichst niedrigen Preisen und guter Qualität zu sichern.

Mindestens ebenso bedeutungsvoll war die Gründung des Arbeiter-Bildungs-Vereines „Vorwärts" in Bruck am 15. April 1869. Sein Zweck war die Wahrung und Förderung der geistigen und materiellen Interessen des Arbeiterstandes. In § 2 der Statuten werden die Ziele genannt: volkstümliche wissenschaftliche Vorträge, Unterricht, freie Besprechung, Pflege des Gesanges, gesellige Unterhaltung, Turnen, Gründung einer Abteilung für Arbeitszuweisung und Unterstützung der Mitglieder in besonderen Fällen.

Am 30. August 1871 trat eine dritte Sparte der Arbeitervereine auf. Der „Steiermärkische Arbeiter-Kranken- und Invalidenverein zu Bruck a. M." reichte seine Statuten bei der Statthalterei in Graz ein. Sein Wirkungsgebiet sollte Bruck und „die Umgebung Obersteiermarks" sein. Seine Ziele lagen darin, alle männlichen Mitglieder im Erkrankungsfall zu unterstützen, für diese im Todesfalle zur Besorgung eines Leichenbegängnisses einen Beitrag zu leisten und die ordentlichen Mitglieder im Falle der dauernden Erwerbsunfähigkeit nach den besonderen Bestimmungen für die Invalidenkasse zu versorgen.

Dieser Verein war der erste und älteste seiner Art in der Steiermark. Er nahm bald Verbindungen zu den Fabriks- und Genossenschaftskassen des Bezirks Bruck auf, soweit solche bestanden, und schloß mit diesen Verträge ab. Die Fabriksdirektoren wurden ersucht, neu aufgenommene Arbeiter auf den Verein aufmerksam zu machen und die Beiträge vom Lohn einzubehalten.

Der Oberschulrat der Stadt, der nun für die Erhaltung und Verwaltung in Sachen Schulwesen zuständig war, trat ebenfalls schon 1868 erstmals zusammen.

Neues Schulhaus beim Leobnertor

Er beschloß infolge der zunehmenden Schülerzahl den Neubau eines Schulhauses beim Leobnertor. Das Torsperr- und das Mauthaus sowie ein kleineres Gebäude wurden von der Stadtgemeinde erworben und samt dem Tor 1874 abgetragen. Mit dem anfallenden Schuttmaterial wurden der 600 Jahre alte Stadtgraben zugeschüttet und die Fridrichsallee und der Stephaniepark angelegt. Am 5. Oktober 1878 zog die Volksschule in das neue Gebäude ein. Ab 1880 waren hier auch die „Gewerbliche Fortbildungsschule für die männliche Jugend", eine Mädchenfortbildungsschule und der Kindergarten untergebracht. Dieser mußte aber wegen Platzmangels 1885 in die alte Schule auf dem Kirchplatz übersiedeln.

Der eiserne Brunnen mit zwei Pumpvorrichtungen, aber noch ohne Schwungrad.

Das heute noch bestehende Piusinstitut errichteten die Kreuzschwestern 1879, nachdem sie schon 1874 das ehemalige Lazarett und den sogenannten alten „Zehenthof" erworben hatten.

Die Stadt hatte mittlerweile durch ihre günstige Lage als Bahnknotenpunkt, weiters durch den Ausbau und die Ansiedlung von Industrieanlagen einen starken Bevölkerungszuwachs zu verzeichnen. Die Stadtverwaltung mußte demnach also bestrebt sein, auf verschiedenen Gebieten, insbesondere bei der Sanitärpflege, mit anderen Gemeinden Schritt zu halten. Bruck wurde damals noch immer durch die öffentlichen Brunnen mit Wasser versorgt. Diese waren teils Schachtbrunnen, teils fließende Brunnen, zu denen das Wasser in hölzernen Rohren aus der Umgebung der Stadt hergeleitet werden mußte. Da entstand ein für die damalige Zeit erstklassiges Werk: Bürgermeister Till eröffnete 1882 die städtische Druckwasserleitung, die das Wasser bis in die höchsten Stockwerke brachte und folglich die allgemeine Anlage von Hausbädern und Spülklosetts ermöglichte.

Die Sanitäts- und Wohlfahrtspflege nahm einen erfreulichen Aufschwung. Die Räumlichkeiten im kleinen Bürgerspital in der Leobnerstraße (sg. Andreashof) waren viel zu klein geworden, und so entschloß sich das Land, in Leoben und Bruck an der Mur je ein öffentliches Krankenhaus zu errichten. Am 28. Oktober 1887 erfolgte in Leoben die Grundsteinlegung für das Stephanienspital durch die Kronprinzessin, am gleichen Tag eröffnete ihr Gatte Kronprinz Rudolf in der Brucker Murvorstadt das nach ihm benannte Rudolfsspital.

Kronprinz Rudolf eröffnet das Rudolfsspital

Im selben Jahr, am 13. August 1889, erwarb die Stadtgemeinde von der österreichischen Alpine Montangesellschaft um den Preis von 14.000 Gulden den Schloßberg mit der Ruine Landskron sowie das Schweizebengut.

Das total ausgebrannte Stadttheater.

Ein schwerer Verlust traf die kulturbegeisterten Brucker 1898. Am 17. Dezember brannte das unter großen Opfern geschaffene Stadttheater gänzlich ab. Ursache war der große Ofen im Zuschauerraum. Seit Tagen konnte man im Theater immer wieder Brandgeruch feststellen. Am 16. Dezember bei der letzten Vorstellung war der Geruch bereits so intensiv, daß die Feuerwehr und der Bürgermeister gerufen wurden. Sachverständige meinten, daß der große Ofen die Ursache dafür sei, dem Theater selbst aber keinerlei Gefahr drohe. Aber am nächsten Morgen brannte das Theater total nieder.

Gerettet werden konnten nur eine Holzbank und einige wertlose Kleinigkeiten. Um nicht gänzlich auf die Kultur verzichten zu müssen, richtete der Brucker Theaterverein vorübergehend eine provisorische Bühne im „Schwarzer Adler“ ein.

Die Liebfrauenkirche erhält ihren spitzen Helm

Ein knappes Jahr später erhielt die Liebfrauenkirche ihr heutiges Aussehen. Unter dem Probst Dr. Franz Weinberger wurde eine Außenrestaurierung durchgeführt. Im Rahmen dieser Arbeiten ersetzte man die damalige Haube des Turms, die nach dem großen Stadtbrand von 1792 nur notdürftig aufgesetzt worden war, durch den jetzigen Helm.

Die Gesamthöhe des für die Brucker Stadtpfarrkriche so typischen Turms beträgt nun 68 Meter und überragt als ein weiteres Wahrzeichen die Stadt Bruck.

Die Stadtpfarrkirche mit dem alten Turmhelm.

Die Stadtpfarrkirche mit dem neuen, spitzen und weithin sichtbaren Turm.

Aufbruch ins 20. Jahrhundert

Um die Jahrhundertwende beschäftigte die Firma Felten und Guilleaume, die das uralte traditionsreiche Hammerwerk an der Mürzmündung von der Firma Friedrich Bruno Andrieu`s Söhne am 14. Juli 1900 übernommen hatte, fast 500 Arbeiter.

Alte Hammerwerke an der Mur- Mürzmündung

Schon im Mittelalter wurde das starke Gefälle unmittelbar vor der Mündung der Mürz in die Mur in mehreren Stufen von Hammerwerken genutzt. Im Jahre 1292 unterzeichnete ein Leusingerus (deutsch: Liesinger) eine lateinische Urkunde. Eine Liesingermühle und ein Liesingerhammer erscheinen in späteren Urkunden immer wieder. Die Mühle ist höchstwahrscheinlich gleichzeitig mit der Stadt errichtet worden, um diese mit Mehl zu versorgen – wann der Hammer dazukam, kann nicht mehr eruiert werden, er wird erst 1427 urkundlich erwähnt. Im Jahre 1506 verkaufte der damalige Besitzer Albrecht Dyem die Mühle, den Hammer und eine Säge, da er nicht die finanziellen Mittel besaß, die ganze Anlage wieder herzurichten, die kurz vorher von einem Hochwasser zerstört worden war. 1548 war das Hammerwerk aber schon wieder in Betrieb. Im 18. Jahrhundert arbeitete es mit einem Welsch-, einem Zain- und einem Streckhammer.

Firma Andrieu

Friedrich Bruno Andrieu, der in Graz eine kleine Walzdraht-, Draht- und Drahtstiftefabrik betrieb, erwarb 1867 hier eine alte Hammergerechtsame und verlegte seine Produktion zum Teil nach Bruck. Schon 1886 wollten die Söhne des Gewerken ihr Stahlwerk erweitern und verlegten den Betrieb, da die Wasserkräfte bei Bruck für die Produktionsausweitung nicht mehr ausreichten, teilweise nach Diemlach.

Das Werk der Gewerkefamilie Andrieu an der Mündung der Mürz in die Mur.

Nicht weit davon entfernt war bereits 1881 unter der Firmenbezeichnung M. Diamant eine Papier-, Holzstoff- und Zellulosefabrik errichtet worden. Das erste Werk bestand seit 1878 in Deuchendorf bei Kapfenberg an der Mürz. Dort wurde Papier für den Export erzeugt. Der industrielle Aufschwung der österreichisch-ungarischen Monarchie während der achtziger Jahre des 19. Jahrhunderts brachte diesem Werk, wie auch dem Betrieb der Andrieus in Bruck, eine hohe Konjunktur. So schritt man im Jahre 1881 zur Errichtung einer größeren Anlage in Bruck. Sie umfaßte eine Papier- und Zellulosefabrik sowie eine Großkraftholzschleiferei. Die kleine alte Fabrik in Deuchendorf wurde in eine Holzschleiferei zur Erzeugung des im Brucker Betrieb notwendigen Holzstoffes umgebaut. Später wurde auch diese Holzschleiferei nach Bruck verlegt.

Papierfabrik M. Diamant

Werksgelände der Papierfabrik M. Diamant.

Diese Industrialisierungswelle führte naturgemäß zur Ausdehnung der Stadt Bruck. Vor allem im Nordwesen und Norden Brucks wurden Villen- und Wohnsiedlungen errichtet.

Im Jahre 1900 gründeten auf Anregung des damaligen Ackerbauministeriums das Land Steiermark und der steiermärkische Forstverein die „Höhere Forstlehranstalt für die österreichischen Alpenländer“, eine Vorläuferin der heutigen „Höheren Lehranstalt für Forstwirtschaft“. Für diese Einrichtung stellte die Stadtgemeinde von ihrem reichen Forstbesitz den Lehrforst zur Verfügung.

Höhere Forstlehranstalt

Der Entschluß von 1899 beweist die Aufgeschlossenheit der Brucker Stadtvertretung, ein stadteigenes Elektrizitätswerk an der Mur zu bauen und die Beleuchtung der Stadt von Gas auf elektrisches Licht umzustellen. Der Weg dazu war lang und mühevoll. Er war geradezu gespickt mit

Stadteigenes Elektrizitätswerk

Spekulationen, Verleumdungen, Erpressung und Betrug. Kaum hatte man sich im Gemeinderat auf dieses Projekt geeinigt, kauften Konkurrenzfirmen die benötigten Grundstücke entlang der Mur auf. Verschiedene Baufirmen versuchten die Gemeinde zu erpressen, und zu guter Letzt versuchten die Kraftwerksgegner, den Baubeschluß des Gemeinderates durch eine Verleumdungskampagne bei der Landesregierung aufzuheben. Trotz allem erhielten die zuständigen Stellen am 4. Februar 1903 die Baugenehmigung, und am 21. Februar desselben Jahres kam der letzte für den Bau benötigte Gemeinderatsbeschluß zustande. Bereits im April begannen die Arbeiten, nachdem von der Deutschen Sparkasse in Prag ein Kredit in der Höhe von einer Million Kronen aufgenommen wurde. Die Arbeiten schritten so zügig voran, daß schon am 1. März 1904 die letzten drei Nägel feierlich in die Wehranlage geschlagen werden konnten.

Die k. k. Unterrealschule

Die älteste Mittelschule in Bruck war die k. k. Unterrealschule, die 1849 mit nur 15 Schülern einklassig eröffnet und anschließend zu einer zweiklassigen Schule ausgebaut wurde. Aber bereits 1870 ließen die zuständigen Behörden diese Anstalt, die am Kirchplatz (heute Nr. 7) untergebracht war, wiederum schließen. Doch um die Jahrhundertwende hatte man in der Stadt den Mangel an einer Mittelschule schon längst wieder erkannt. Die Bestrebungen der Gemeindevertretung waren erfolgreich. Der Verkehrsknotenpunkt Bruck war sicherlich als Standort für eine Mittelschule bestens geeignet. Nach langwierigen Verhandlungen wurde 1907 endlich die erste Klasse einer Unterrealschule eröffnet, die zweite, dritte und vierte Klasse in den folgenden Jahren. Untergebracht war die Schule vorerst provisorisch im Hause der Sparkasse, Ecke Hauptplatz-Theodor-Körner-Straße. Einige Jahre später zählte man bereits 125 Schüler, so daß die Erweiterung zur Oberrealschule genehmigt wurde.

Oberrealschule

Die Stadt errichtete auf den Greggergründen ein neues Schulgebäude, in dem der Unterricht mit dem 1. Oktober 1912 begann. Wie alle damaligen Realschulen war die Schule anfangs siebenklassig. Die erste Matura wurde im Jahre 1914 abgehalten.

Erste Matura

Das Gebäude der neuerbauten Realschule.

Die evangelische Pfarre Bruck an der Mur wurde 1912 nach über 60jährigem Bestand als Tochtergemeinde von Graz und nach achtjährigem Vikariat zur eigenen Pfarrgemeinde erhoben. Zwei Jahre mußten die Brucker auf die Pfarrbestätigung warten. Zum Pfarrer wurde der damals erst kurz in der Stadt tätige Vikar, Karl Hubatschek, gewählt. Die Einführung in sein Amt erfolgte am 4. August desselben Jahres.

Die evangelische Pfarre wird zur eigenen Pfarrgemeinde

Eine längere Periode des Friedens, dessen sich Österreich erfreuen konnte, die Zeit des langsam wachsenden Wohlstandes, aber auch der sich ständig verschärfenden nationalen Gegensätze innerhalb der österreichisch-ungarischen Monarchie wurde durch die Schüsse von Sarajevo am 28. Juni 1914 jäh beendet. Die Ermordung des österreichischen Thronfolgers Erzherzog Franz Ferdinand in Sarajevo löste den Ersten Weltkrieg und den letzten Waffengang der österreich-ungarischen Monarchie aus. Doch die eigentlichen Gründe dieses Krieges lagen viel tiefer und hatten ihre Wurzeln in der diplomatischen Entwicklung der europäischen Mächte.

Kaiser Franz Joseph in Galauniform.

Der Erste Weltkrieg

Es folgte eine Zeit der Leiden, der Entbehrungen und der Opfer. Am 28. Juli 1914 erklärte Österreich an Serbien den Krieg, Rußland verfügte die allgemeine Mobilmachung, Deutschland erklärte an Rußland den Krieg, Frankreich war mit Rußland verbündet und trat in den Krieg gegen Deutschland ein. Als dann die deutschen Truppen in Belgien einmarschierten, um gegen Frankreich eine Angriffsposition zu bilden, trat auch England gegen die „Mittelmächte" in den Krieg ein.

Die Kriegserklärung vom 28. Juli war in Bruck, wie in ganz Österreich, mit Jubel und patriotischer Begeisterung aufgenommen worden. Die wehrfähigen Männer eilten zu den Fahnen, fühlte man sich doch durch den Thronfolgermord und das Auftreten Serbiens herausgefordert. Man war sich vollkommen sicher, daß nach einem kurzen Vergeltungsschlag gegen die Serben noch vor Winteranbruch der Sieg erfochten war.

Soldaten des 31. Feld-Jäger-Bataillons auf dem Hauptplatz vor dem Abrücken nach Galizien gegen die Russen am Vormittag des 12. August 1914.

Doch gegen Ende des Jahres 1914 zeichnete sich eine ungünstige militärische Lage ab. Die Armeen der alten Monarchie und des verbündeten Deutschlands konnten keine durchgreifenden Erfolge verbuchen. Trotz aller Opfer war noch kein Ende in Sicht

Der Tod Kaiser Franz Josephs 1916 und die beginnende Erschöpfung aller Reserven führten letztendlich zur Auflösung der Monarchie. Gewissermaßen in allerletzter Stunde, am 16. Oktober 1918, erließ Kaiser Karl das Manifest „An meine Völker", das die Umwandlung der Monarchie in einen Bundesstaat vorsah, um den drohenden Zerfall des alten Habsburgerreiches zu verhindern. Das Manifest blieb wirkungslos. Die Völker der Monarchie ließen sich nicht daran hindern, nach und nach ihre Gebiete zu Nationalstaaten zu proklamieren.

Geburt der Ersten Republik

Der 30. Oktober 1918 kann bereits als Geburtsstunde der Republik angesehen werden, da an diesem Tag seitens der provisorischen Nationalversammlung der Beschluß über die grundlegenden Einrichtungen der Staatsgewalt erging. Die Regierungsgewalt wurde einem Vollzugsausschuß überantwortet, der den Titel „Deutsch-österreichischer Staatsrat" führte. Zum ersten Staatskanzler wurde Dr. Karl Renner ernannt. Die Nationalversammlung rief durch ihre Abgeordneten am 12. November die Republik aus und beendete damit die jahrhundertelange Herrschaft des Hauses Habsburg. Im Sinne der Unteilbarkeitsregel der „Pragmatischen Sanktion" Karls VI. von 1713 blieben die Bundesländer jedoch freiwillig bei Österreich. Somit wirkt das alte Habsburgergesetz bis heute ideell nach und bildet die Grundlage für das Fortleben Österreichs.

Konstituierung des ersten Gemeinderates in der Republik

So schritt man nun zu Neuwahlen der Gemeindevertretung, die nach den Grundsätzen des allgemeinen, geheimen und gleichen Wahlrechts (erstmals auch für Frauen) stattfanden. Am 19. Juli 1919 konstituierte sich in Bruck an der Mur der neugewählte Gemeinderat, der sich in den ersten Jahren der Nachkriegszeit mit den Sorgen um die notwendigen Lebenserfordernisse der Bürgerschaft zu kümmern hatte. Lebensmittel und andere Bedarfsgüter fehlten überall. Neben Hunger und Bekleidungsnot hatte der Krieg in viele Familien schweres Leid und Trauer gebracht. Väter und Söhne waren nicht mehr nach Hause zurückgekehrt, sehr viele, die nach Hause kamen, waren versehrt.

An der Nordseite der Stadtpfarrkirche befindet sich eine Gedenktafel für die Brucker Männer, die in den vier Kriegsjahren an den Fronten in Galizien, Rußland, Serbien, in den Schlachten am Isonzo, in den Karpaten oder in anderen Gebieten weit von der Heimat für „Kaiser, Gott und Vaterland" gefallen waren.

Aufgrund der Bestimmungen des Friedensvertrages von St. Germain, der am 10. September 1919 von der deutsch-österreichischen Nationalversammlung angenommen werden mußte, wurde der Staatsname auf „Republik Österreich" geändert. Als Staatsfarben galten schon seit 1918 die alten Babenbergerfarben Rot-Weiß-Rot.

Am 1. Oktober 1920 erhielt die Republik ihre Verfassung, und am 17. Oktober desselben Jahres machten Neuwahlen die Christlichsozialen zur stärksten Partei. Die Sozialdemokraten traten in Opposition.

Restaurationsversuch von Kaiser Karl I.

Im Jahre 1921 ermöglichte die Rechtslage in Ungarn dem letzten Habsburgerkaiser Karl I. zwei Restaurationsversuche. Karl hatte zwar im Manifest vom 11. November 1918 auf jeden Anteil an den Regierungsgeschäften verzichtet, nicht aber auf den Thron.

Nach seinem ersten gescheiterten Versuch, in Ungarn wieder an die Macht zu kommen, überschritt er am 5. April 1921 die österreichische Grenze. Per Eisenbahn mußte Karl in Begleitung einer Entente-Kommission und einer gemischten Militäreskorte wieder in sein Schweizer Exil zurückkehren. Der Sonderzug mit dem Ex-Kaiser, der um ¼ 8 Uhr am Abend von Graz abgefahren war, wurde auf der Weiterfahrt über Veranlassung des Landeshauptmannes Dr. Rintelen in Frohnleiten angehalten, weil die Nachricht eingetroffen war, daß in Bruck tausende Arbeiter den Bahnhof besetzt hielten, um gegen Karl zu demonstrieren.

Kaiser Karl I., der letzte Kaiser der österreichisch-ungarischen Monarchie.

Demonstration am Brukker Bahnhof gegen Karl

Der sozialdemokratische Landeshauptmann von Niederösterreich, der Abgeordnete Sever, der sich ebenfalls im Sonderzug befand, und Vertrauensmänner der Grazer sozialdemokratischen Parteileitung verhandelten zuerst telefonisch mit dem Brucker Bürgermeister Pichler und den Führern der Brucker Arbeiterschaft. Sever und Vertreter der Parteileitung begaben sich schließlich mit einem Auto nach Bruck, um in mehreren persönlichen Aussprachen die Arbeiter zu bewegen, den Bahnhof zu räumen. Da die Verhandlungen in Bruck nicht sofort den gewünschten Erfolg brachten, versuchte Kaiser Karl in der Zwischenzeit, den Aufenthalt in Frohnleiten dazu zu nützen, um seine Begleiter zur Umkehr nach Ungarn zu überreden. Die alliierten Offiziere wären fast dazu bereit gewesen, als plötzlich die Meldung eintraf, daß man sich in Bruck geeinigt hätte und der Weiterfahrt nichts mehr im Wege stünde. Um 3 Uhr in der Früh passierte der Sonderzug ohne Zwischenfall Bruck an der Mur. Am Bahnhof befanden sich nun mehr als 250 Arbeiter, die durch die britische Eskorte des Kaisers in Schach gehalten wurden.

Berndorf kommt zu Bruck

Im Jahre 1922 wurde Berndorf zu einer eigenen Katastralgemeinde erklärt und der Stadt Bruck an der Mur eingegliedert. Am 24. Februar faßte die Gemeinde Bruck den Einverleibungsbeschluß, und am 21. März beschloß Kapfenberg das Ausscheiden Berndorfs aus seiner Ortsgemeinde, zu der es seit 1850 gehört hatte. Nach Klärung rechtlicher Fragen und der Auseinandersetzung mit privaten Initiativen, die sich gegen eine Eingliederung aussprachen, wurde die Eingemeindung Berndorfs nach Bruck am 8. Juli 1922 rechtswirksam.

Der Wehrausschuß der Freiwilligen Feuerwehr und der Rettungsabteilung der Stadt Bruck hatte in der Sitzung vom 11. Dezember 1922 den einstimmigen Beschluß zur Anschaffung eines eigenen Rettungsautos gefaßt. Die Rettungsabteilung war aus dem Sanitätsdienst, den die Feuerwehr führte, hervorgegangen. 1897 wurde eine Lokal-Kranken-Transport-Kolonne gebildet und mit zwei pferdebespannten Rettungswagen (geliefert am 17. Juli 1897 und 24. Oktober 1914) ausgestattet.

Auseinandersetzung im Gemeinderat wegen des Ankaufs eines Rettungsautos

Nun errichtete man auf Initiative des Wehrarztes Dr. Martin Bertha einen Rettungs-Auto-Fonds und erbat Spenden auf das neueröffnete Postsparkassenkonto mit der Nr. 72.892. Ins Auge gefaßt wurde ein 40 HP Benzwagen im Wert von ungefähr 80 Millionen Kronen. Im März kam es zu einer politischen Auseinandersetzung im Gemeinderat, die die Anschaffung des Rettungsautos zum Gegenstand hatte. Die vom Deutschvölkischen Turnverein beschlossene Turnerhilfe für die Feuerwehr zur rascheren Anschaffung des Autos wurde von der sozialdemokratischen Gemeinderatsfraktion so interpretiert, daß nationalsozialistische Kreise die Feuerwehr politisieren wollten. In der Folge wurden der Feuerwehr in der Gemeinderatssitzung trotz restloser Aufklärung der Sachlage die zwölf Millionen Kronen für allgemeine Anschaffungen und die zehn Millionen für das Rettungsauto für den Fall vorenthalten, daß diese nicht sofort auf die Turnerhilfe verzichten würde. Trotz dieser Schwierigkeiten konnten die benötigten 80 Millionen Kronen in relativ rascher Zeit von der Bevölkerung aufgebracht werden, und am Samstag, den 15. September 1923, wurde das Benz-Rettungsauto in einem Festakt seiner Bestimmung übergeben. Als Rotes Kreuz wurde dann die Sanitätstruppe im Jahre 1938 von der Feuerwehr getrennt.

Das erste Rettungsauto der Brucker Rettungsabteilung.

Erneuerung der Mürzbrücke

Die alte, hölzerne Mürzbrücke, die mehr als hundert Jahre als Verbindung nach Pischk und ab 1844 als Zufahrt zum damals neu errichteten Bahnhof diente, mußte abgetragen werden und wurde durch eine Eisenbetonbrücke ersetzt. Die Eröffnung der neuen Betonbrücke fand am Samstag, den 1. August 1925, nach nur 13monatiger Bauzeit mit einer schlichten Feier in der Kanzlei der ausführenden Baufirma statt. Dort trafen sich die Vertreter der Bundesbehörden, der Gemeinde und der Firma, um auf das neue Bauwerk anzustoßen.

Aber schon damals kritisierte die Presse diese Brücke. Ihrer Ansicht nach entspreche sie nicht vollauf dem starken Verkehr, und außerdem, so hieß es, wäre einer der beiden Gehsteige so schmal geraten, daß zwei Personen nicht aneinander vorbeigehen könnten. Daß diese Bemerkungen bis vor wenigen Jahren (im Jahre 1993 wurde die jetzige Brücke eröffnet) der Realität entsprachen, wird einigen Bruckern noch sicher bewußt sein, wenn sie an den Schichtwechsel der dort ansässigen Firma denken.

Aber nicht nur die Mürzbrücke wurde neu gebaut, auch die Brücke über die Mur vor dem ehemaligen Grazertor wurde von der zuständigen Bundesstraßenverwaltung durch eine moderne Eisenbetonkonstruktion ersetzt. Im selben Jahr, als die Bundespostverwaltung das Post- und Telegraphenamt am Hauptplatz aufführte (1928), begann man mit der Errichtung des Murüberganges, der 1929 seiner Bestimmung übergeben werden konnte.

Neue Murbrücke

In der Nacht vom 12. auf den 13. September 1931 war die Stadt Bruck an der Mur eines der Zentren des Heimwehrputsches des steirischen Heimwehrführers Dr. Walter Pfrimer, der damit die Macht im Staat übernehmen wollte. Sein Plan basierte jedoch auf falschen Voraussetzungen und wurde so durchsichtig durchgeführt, daß die Aussicht auf Erfolg minimal war. Um 0.00 Uhr am 13. September schlugen die Putschisten los und besetzten die Bezirkshauptmannschaft und das Bezirksgericht der Stadt.

Pfrimerputsch

Knapp vor Beginn der Aktion war aber auch schon Koloman Wallisch, der Führer der Sozialdemokraten und Abgeordneter zum Nationalrat, von einem betrunkenen Heimatschützler vom bestehenden Putschversuch unterrichtet worden. Wallisch gab diese Meldung an die Gendarmerie weiter, die sich aber weigerte, einzugreifen. Daraufhin alarmierte er den Republikanischen Schutzbund und telefonierte mit der Parteileitung in Wien, wo Dr. Julius Deutsch die Meldung an Vizekanzler Schober weitergab, der den Einsatz des Bundesheeres versprach, worauf sich der Schutzbund ruhig verhielt.

Um etwa 2.00 Uhr morgens wurde auch der steirische Landeshauptmann Dr. Rintelen – 1934 als Kanzlerkandidat der nationalsozialistischen Putschisten vorgesehen – von den Vorgängen informiert und nahm sofort telefonischen Kontakt mit Bundeskanzler Dr. Buresch auf. In Bruck besetzten um 6.00 Uhr morgens die Heimatschützer den Schloßberg und kontrollierten alle Brükken der Stadt. Nach wenigen Stunden war der Putsch in Bruck allerdings wieder zu Ende. Als der Einsatzleiter der Heimwehr, Kammerhofer, erfuhr, daß die Exekutive den Befehl hatte, gegen den Heimatschutz vorzugehen, zogen sich die Aufständischen nach Leoben zurück. Einige Monate später wurde Pfrimer in einer Gerichtsverhandlung, wahrscheinlich aus außenpolitischen Gründen, freigesprochen.

Hochverratsprozeß gegen Walter Pfrimer (Mitte).

Rücktritt der Nationalratspräsidenten

Dollfuß regiert autoritär

Im Jänner 1934 kam es infolge der Hirtenberger Waffenschmuggelaffäre zur Verschärfung in der österreichischen Innenpolitik. Von sozialdemokratischer Seite wurden illegale italienische Waffentransporte über Österreich nach Ungarn in der Öffentlichkeit bekannt. Am 4. Mai kam der Fall vor den Nationalrat. Nach einer heftigen Debatte wegen der Gültigkeit eines Stimmzettels kam es zum Rücktritt der drei Nationalratspräsidenten und damit zur Selbstausschaltung des Parlaments. Die Regierung Dollfuß erließ auf Grund des kriegswirtschaftlichen Ermächtigungsgesetzes von 1917 Notverordnungen zur Führung der Staatsgeschäfte und schlug einen autoritären Kurs ein. Unterdessen hatten die Nationalsozialisten in Österreich, gestärkt durch den Wahlsieg Hitlers in Deutschland, den Kampf um die Macht begonnen. Gewaltakte, Provokationen und Propaganda waren ihre Mittel dazu.

Als der Republikanische Schutzbund im März 1933 aufgelöst wurde, rechnete man allgemein mit einer sozialdemokratischen Gegenaktion, die jedoch nicht stattfand. Ausgeblieben war auch ein Verständigungsversuch der Regierung nach links.

Februar 1934

Im Februar 1934 kam es zur offenen und blutigen Auseinandersetzung zwischen der Regierung und der Sozialdemokratie. Am 12. Februar leistete der Linzer Schutzbundführer Richard Bernaschek trotz Abraten des Parteiverbandes gegen eine Waffensuchaktion der Polizei bewaffneten Widerstand. Die Sozialdemokratische Partei rief den Generalstreik aus, was nach aller Wahrscheinlichkeit den Bürgerkrieg bedeutete. In verschiedenen industriellen Zentren kam es zu Kämpfen zwischen der Exe-

Kämpfe beim Kornmesserhaus im Februar 1934.

kutive, dem Bundesheer und den Wehrverbänden auf der einen, und dem Republikanischen Schutzbund auf der anderen Seite. Die schwersten Kampfhandlungen fanden in Wien, Linz, Steyr und den obersteirischen Industriezentren statt.

Aus den späteren Gerichtsverhandlungen weiß man, daß die Sozialdemokraten versuchen wollten, in der Steiermark zunächst das Industriegebiet von Bruck und Kapfenberg in die Hand zu bekommen, ein Schlüsselgebiet Ostösterreichs. Unruhen in Graz sollten die dort stationierten Militärverbände binden und am Einsatz in Bruck hindern.

Die am Hauptplatz abgestellten Fahrzeuge des Bundesheeres.

In Bruck versuchte der Schutzbund, die Gendarmeriekaserne zu stürmen und schloß die Bezirkshauptmannschaft ein. Die unter dem Kommando des sozialdemokratischen Landesparteisekretärs und ehemaligen Landes- und Nationalratsabgeordneten Koloman Wallisch – der bei Ausbruch der Kämpfe erst nach Bruck kommen mußte – kämpfenden Schutzbündler wurden schließlich durch den Einsatz des Bundesheers zurückgedrängt. Da die Aktionen und die Koordination in Graz zu mangelhaft durchgeführt wurden, konnte am Nachmittag ein Bataillon des Alpenjägerregiments 10 nach Bruck geschickt werden.

Heimatschützer besetzen den Schloßberg.

Koloman Wallisch kurz nach seiner Verhaftung.

Der Kampf um die letzte Position der Schutzbündler am Schloßberg dauerte bis in die Nacht. Er konnte erst nach Artillerievorbereitung von den Soldaten des Bundesheeres gestürmt werden. Einigen Schutzbündlern gelang es, mit Koloman Wallisch über die Hochanger Hütte in das Gebiet der Hochalpe zu fliehen. Dort blieben sie zwei Tage und versuchten dann, über Frohnleiten – wo man gefangene Genossen aus dem Bezirksgericht befreien wollte – nach Jugoslawien zu entkommen. Dieses Unternehmen wurde jedoch bereits vor Frohnleiten von Bundesheerverbänden vereitelt. Wallisch verkleinerte daraufhin seine Gruppe und schickte einen Teil nach Bruck zurück. Er und der Rest versuchten nochmals, auf der Alm unterzutauchen, sie wurden aber bereits wenige Tage später von Spähtruppen des Bundesheers gestellt. Wallisch selbst gelang es, seine Flucht bis Arding im Bezirk Liezen fortzusetzen, wo er verhaftet wurde.

Offiziellen Angaben zufolge forderten die Februarereignisse insgesamt 300 Todesopfer, neun Schutzbundangehörige wurden hingerichtet. Einer der neun war der Brucker Abgeordnete Koloman Wallisch, der nach einem standrechtlichen Verfahren zum Tode verurteilt und am 19. Februar 1934 hingerichtet wurde.

Verbot der Sozialdemokratie

Im Anschluß an diese Ereignisse erließ die autoritäre Regierung nach dem Verbot der Nationalsozialisten vom Juni 1933 auch das Verbot der Sozialdemokratischen Partei.

Eindringen des Nationalsozialismus

Die aufgelösten Parteien arbeiteten jedoch illegal weiter. Die Nationalsozialisten trafen Vorbereitungen, die Macht an sich zu reißen. Am 25. Juli 1934 gelang es uniformierten NS-Putschisten einer illegalen SS-Standarte, in das Wiener Bundeskanzleramt einzudringen. Bundeskanzler Dollfuß wurde angeschossen und erlag seinen Verletzungen. Als über Radio die Nachricht vom Putsch in der Steiermark eintraf, kam es auch hier zu nationalsozialistischen Erhebungen, die aber durchwegs scheiterten.

Nachfolger im Bundeskanzleramt wurde der bisherige Unterrichtsminister Dr. Kurt Schuschnigg. Unter seiner Regierung war 1937 die außenpolitische Lage Österreichs ziemlich unsicher geworden. Italiens Diktator Benito Mussolini, mit dem Schuschnigg zahlreiche Vereinbarungen getroffen hatte, geriet immer mehr in das Fahrwasser Hitlers, und Österreich stand isoliert da.

Schuschnigg in Berchtesgaden

Am 12. Februar 1938 lud Hitler den österreichischen Bundeskanzler zu einer Unterredung nach Berchtesgaden, in der Schuschnigg unter massivsten Drohungen zu einem Abkommen gezwungen wurde, das unter anderem als Inhalt die Umbildung der österreichischen Regierung und eine weitgehende Amnestie und Legalisierung für Nationalsozialisten auswies.

Berchtesgadener Abkommen

Dieses Abkommen führte auch in der Stadt Bruck an der Mur wie überall in Österreich zu Freudensausbrüchen und Kundgebungen. Die große Rede Hitlers vor dem deutschen Reichstag am Sonntag, den 20. Februar, wurde vom Radiohaus Kain auf den Hauptplatz übertragen, wo sie von einer riesigen Menschenmenge mit großer Begeisterung aufgenommen wurde. Zum Schluß sangen die Anwesenden mit entblößtem Haupt und erhobener Rechten die Nationalhymne. In vielen Gaststätten diskutierte man die aktuelle politische Lage, die Nachfrage nach Fackeln, Fahnen, rotem und schwarzem Stoff konnte von den Geschäften nur noch schwer befriedigt werden. Gegen Abend begann ein reger Zuzug in Richtung Hauptplatz. Hakenkreuzfahnen und -armbinden trug man offen. Das Kreuz wurde sogar in Ermangelung von Armbinden mit Kreide auf den Rockärmel gezeichnet. Immer wieder trafen per Bahn oder Autobus zusätzlich Nationalsozialisten aus der näheren und weiteren Umgebung in der Stadt Bruck ein. Der ganze Hauptplatz und Teile der heutigen Theodor-Körner-Straße füllten sich mit einer unübersehbaren Menschenmenge, die in Sprechchören und nationalen Liedern ihre Gesinnung zum Ausdruck brachte. Gegen 20.00 Uhr sprach der evangelische Pfarrer von Bruck, Professor Karl Hubatschek, von der Loggia des Kornmesserhauses, das mit einer Hakenkreuzfahne geschmückt war, zu den Versammelten, worauf die Eisenbahnerkapelle das Deutschlandlied spielte und die begeisterten Anwesenden schließlich das Horst-Wessel-Lied anstimmten und mit erhobenem Arm absangen. Anschließend begann sich ein Fackelzug durch die beflaggte Stadt in Bewegung zu setzen.

Die Linksopposition sah im Nationalsozialismus die größte Gefahr für den Bestand Österreichs und war bereit, den österreichischen Unabhängigkeitskampf zu unterstützen. Schuschnigg rief das Volk zu einer Abstimmung auf, in der es sich zu einem selbständigen Österreich bekennen sollte. Um der Gefahr eines positiven Ergebnisses entgegenzuwirken, erzwang Hitler die Absage. An den Grenzen standen deutsche Truppen, und in den einzelnen Landeshauptstädten gewannen Nationalsozialisten das Übergewicht. Unter dem außenpolitischen Druck und dem Widerstand in Österreich selbst gab Schuschnigg angesichts der Gewalt im Rundfunk seinen Rücktritt bekannt. Er schloß seine Rede mit den seither oft zitierten Worten „Gott schütze Österreich".

Bundeskanzler Kurt Schuschnigg.

Hierauf marschierten Truppen der Deutschen Wehrmacht am 12. März 1938 in ganz Österreich ein. Bereits einen Tag später verkündete Adolf Hitler auf dem Heldenplatz in Wien „den Eintritt meiner Heimat in das Großdeutsche Reich". Österreich hatte zu bestehen aufgehört und sollte einer schweren und entbehrungsreichen Zeit entgegengehen.

Unmittelbar nach dem Anschluß begann auch in Bruck die „Gleichschaltung". Funktionäre in Politik, Wirtschaft, Industrie und Kultur wurden ausgetauscht. Die erste Weisung von Landeshauptmann Sepp Helferich betraf den Wechsel von Bürgermeister und Bezirkshauptmann. So wurde der Brucker Bezirkshauptmann Dr. Josef Pauer-Kulpathal abgesetzt und in Schutzhaft genommen. Die Leitung seines Amtes ging auf die Bezirksleitung der NSDAP über. Die Geschäfte führte Dr. Anton Böcker. Als provisorischer Bürgermeister amtierte vorerst Professor Hubatschek, bis schließlich der ehemalige Bezirksrichter Dr. Egon Schilcher am 1. April (bis Oktober 1939) das Amt übernahm.

Schon in der Nacht zum 12. Mai besetzte die SA sämtliche Stellen der Vaterländischen Front und entwaffnete die in der Stadt stationierte Miliz. Sonntag, den 13. März, verließ die Batterie des Feldkanonenregiments Nr. 6, die seit dem 27. Februar hier stationiert war, Bruck, um nach Wien zurückzukehren. Um die Mittagszeit desselben Tages erwartete die Bevölkerung die Ankunft der Deutschen Wehrmacht. Gegen 13.00 Uhr fuhren die Auto- und Motorradkolonnen des deutschen Heeres in die Stadt ein. Gleichzeitig überflogen mehrere Flugzeuggeschwader Bruck an der Mur. Nach der Durchfahrt fand am Hauptplatz, damals Adolf-Hitler-Platz, die Vereidigung der hiesigen Garnison auf den Führer statt.

Einmarsch der Deutschen Wehrmacht

Zahlreiche Delegationen aus Deutschland besuchten nun die Stadt Bruck an der Mur. Auch führende Spitzenpolitiker des nationalsozialistischen Regimes kamen in oder durch die Stadt. So z. B. hielt sich SS-Reichsführer Himmler am 21. März 1938 kurz in Bruck auf, wo er an einem Kameradschaftsabend im Hotel „Zum schwarzen Adler" teilnahm. Sieben Tage später fuhr Generalfeldmarschall Göring in einem Sonderzug durch Bruck. Während des kurzen Aufenthaltes erstatteten die Kreisleiter der NSDAP sowie die Sturmbannführer der SS und der SA die Meldung. Als Göring von der Menschenmenge vor der Abfahrt des Zuges gebeten wurde, etwas zu sprechen, sagte er: „Stimmt hundertprozentig am 10. April".

Hohe Delegationen aus Deutschland, auch Adolf Hitler, fahren mit der Bahn durch Bruck nach Graz

Am Sonntag, den 3. April, traf um 14.15 Uhr der Sonderzug mit dem Führer auf der Fahrt nach Graz am hiesigen Bahnhof ein. Als der Zug in die Station einfuhr und Adolf Hitler am Fenster erschien, streckten sich ihm zahlreiche Hände mit Blumensträußen entgegen, und die Anwesenden brachten in Sprechchören ihre Freude und Begeisterung zum Ausdruck.

Dasselbe Bild bot sich am Montag, als der Zug von Graz kommend hier wiederum ca. zehn Minuten Aufenthalt hatte. Arbeiterkolonnen, SA, SS und die Feuerwehr hatten eine Absperrung gezogen und größte Mühe, die Anwesenden zurückzuhalten. Weiters fanden sich am Bahnhof die Parteiformationen, Behörden und Ämter, Schupo und Gendarmerie sowie die Ehrenkompanien der Flackbatterie und des Infanterie-Regiments Nr. 11 ein.

Die Volksabstimmung am 10. April desselben Jahres ergab ein nahezu einstimmiges Ergebnis für den Anschluß. In Bruck waren 8.524 Männer und Frauen stimmberechtigt. Davon beteiligten sich an der Abstimmung 8.505 Personen. Die Zahl der abgegebenen Ja-Stimmen betrug 8.466, das waren 99,75 Prozent, die der Nein-Stimmen 21, das waren 0,25 Prozent. 19 Stimmen waren ungültig.

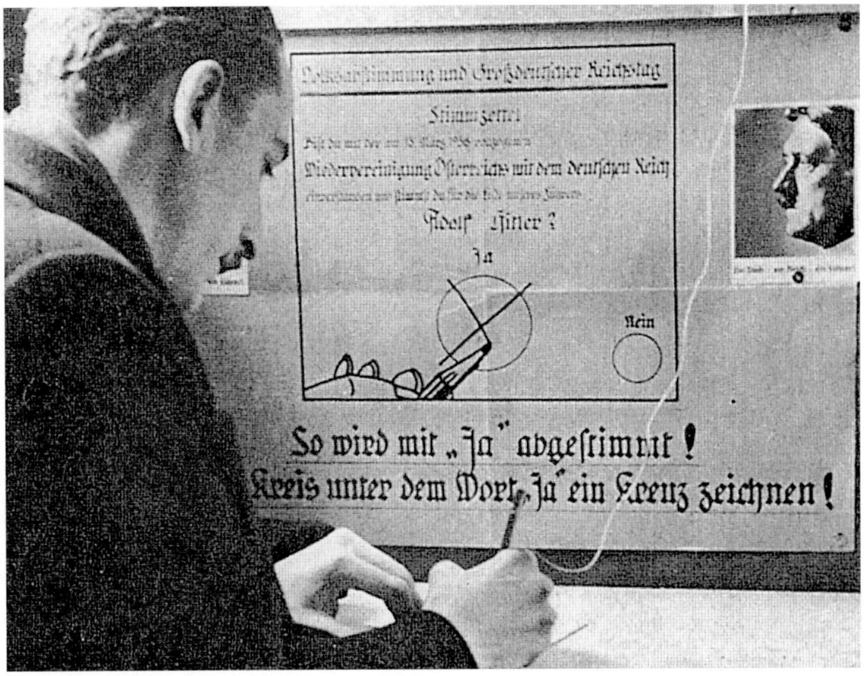

Stimmabgabe zur Volksabstimmung über den „Anschluß".

Als zuverlässiger Ausdruck der Volksstimmung darf aber diese Abstimmung nicht betrachtet werden, da dieses „erwünschte" Ergebnis größtenteils aus Angst der Bevölkerung vor der Gestapo zustande kam.

Wie überall im angeschlossenen Österreich brach nun auch in Bruck an der Mur mit ungeschminkter Roheit der nationalsozialistische Alltag an. Die Organisationen der NSDAP wurden auf- bzw. ausgebaut und veranstalteten Feiern sowie Kundgebungen, um die Euphorie der ersten Tage aufrechtzuerhalten. Die Steiermark wurde in Kreise eingeteilt. Den Kreis Bruck an der Mur und den gleichnamigen Verwaltungsbezirk, ohne den Gerichtsbezirk Mariazell, leitete vorerst Karl Ahorner, bis Kreisleiter Schwaifer dieses Amt übernahm.

Der Zweite Weltkrieg

Am 1. September 1939 begann mit dem deutschen Angriff auf Polen der Zweite Weltkrieg. Österreicher mußten als Angehörige der Deutschen Wehrmacht, auf verschiedene Einheiten verteilt, an allen Fronten (Polen, Frankreich, Norwegen, Jugoslawien, Griechenland, Italien, Nordafrika, Rußland) kämpfen und errangen aufgrund ihrer Tapferkeit oft höchste Auszeichnungen – auch Männer aus Bruck waren darunter.

Amtseinführung von Bürgermeister Michael Klaischer.

Am Freitag, den 25. Jänner 1940, fand in Anwesenheit des Kreisleiters Franz Schwaifer und des Landesrates Dr. Kunz im Brucker Rathaus die Übergabe des Bürgermeisteramtes statt. Nach Eröffnung der Sitzung durch den stellvertretenden Bürgermeister wurde Hans Schön feierlich verabschiedet und der in Marburg geborene Bezirksschulinspektor Michael Klaischer (bis April 1943) als neues Stadtoberhaupt vorgestellt.

Schon 1938 war es in Österreich zur Bildung von Widerstandsgruppen gekommen, die allmählich an Zahl und Bedeutung zunahmen. Auch in Bruck bildeten sich während des Zweiten Weltkrieges unter den Arbeitern der Stadt bald Widerstandsgruppen. Im Februar 1940 gelang es der Gestapo, eine dieser Gruppen zu entdecken und zu zerschlagen. Während dieser Aktion wurden rund 100 Verhaftungen vorgenommen.

Südtirolersiedlung

Am 26. Oktober fand das Richtfest für die Wohnbauten der neuen sogenannten Südtirolersiedlung statt. Unter der Bauleitung „Neue Heimat" wurde auf den ehemaligen Rittmanngründen eine große Siedlung für die ins Großdeutsche Reich abgewanderten Südtiroler mit 31 Häusern und 181 Wohnungen errichtet.

Aufgrund der Kapitulation deutscher Truppen in Stalingrad am 2. Februar 1943 war die große Wende des Zweiten Weltkrieges gekommen. Als im September die alliierten Streitkräfte im Golf von Salerno landeten, sollte sehr bald auch Österreich den Krieg unmittelbar zu spüren bekommen. Von Flugplätzen in Unteritalien flogen die Bomber in Richtung Norden. In unregelmäßigen Abständen wurden unter anderem Graz, Marburg, Knittelfeld, Judenburg, Kapfenberg und Bruck von Luftangriffen heimgesucht und erlitten schwere Schäden. Fieberhaft wurden die vorhandenen Luftschutzanlagen ausgebaut. Besonders im Stadtwald und in der Anlage im Schloßberg suchten die Brucker Zuflucht und Schutz. Trotz allem waren immer wieder Menschenleben zu beklagen. So z. B. forderten die Angriffe, die am 19. und am 23. Februar 1945 auf Bruck durchgeführt wurden, Todesopfer, Schwer- und Leichtverletzte. Beim Angriff am 21. März starben sechs Menschen.

Schwere Luftangriffe

Im Frühjahr 1945 wurde Österreich selbst Kriegsschauplatz. Von Osten rückte die „Rote Armee" ein, von Italien stießen die Briten nach Kärnten vor, amerikanische Truppen drangen in Tirol, Salzburg und Oberösterreich ein, die Franzosen in Vorarlberg.

Vereidigung des Volkssturms

Als letzten Verteidigungsversuch hatte Hitler durch die NSDAP den Volkssturm aufgeboten. Am Brucker Adolf-Hitler-Platz vereidigte Kreisleiter Schwaifer im November 1944 drei Volkssturm-Bataillone. Sie bestanden aus Kindern, Greisen und nicht mehr waffentauglichen Männern, die nun den Gegner aufhalten oder sogar zurückschlagen sollten. Die Verteidigung der Steiermark wurde General Ringel übertragen. In diesem letzten Kampf gegen die vordrängenden Russen wurden alle greifbaren Einheiten und Einzelsoldaten zwischen Bruck und Mürzzuschlag eingesetzt, so auch das Gebirgsjägerregiment 138 mit Standort Bruck.

Trotz immer schneidiger werdenden Schlagzeilen in den Zeitungen ging der Krieg dem Ende zu. Mit Abstand rückten die russischen Kolonnen durch das Mürztal und aus der Oststeiermark nach Westen vor und besetzten am 9. Mai Bruck. Bürgermeister Hütter wurde von der Besatzung sofort seines Amtes enthoben und als kommissarisches Stadtoberhaupt Franz Gruber eingesetzt.

Inzwischen hatte sich in Wien bereits eine provisorische Staatsregierung gebildet und am 27. April 1945 eine Proklamation über die Unabhängigkeit Österreichs erlassen.

Die Russen besetzen Bruck; dann Übergabe der Stadt an die Briten

Am 9. Mai wurde die Besetzung der Steiermark durch die siegreichen Truppen abgeschlossen. Nach dem Zonenvertrag der vier alliierten Mächte zog sich die russische Besatzung nach Osten zurück und übergab die Steiermark den Briten.

Während des Weltkrieges und während der Besatzungszeit litten besonders die Schulen in Bruck an der Mur unter der Inanspruchnahme für militärische Zwecke. So wurde z. B. im Gebäude der Hauptschule eine Fluko-Station eingerichtet, und in der Forstschule war ein Flakregiment untergebracht. Das Schicksal der russischen und englischen Besatzung teilten auch die Volksschule und die Realschule. Das Volksschulhaus konnte am 5. Oktober 1945 nach umfangreichen Reinigungs- und Wiederherstellungsarbeiten seinem ursprünglichen Zweck zugeführt werden. Auch die Realschule gaben die Engländer schon im September wieder frei. Nur die Forstschule wurde von den russischen Besatzern als Lazarett verwendet, und die Briten errichteten im Schülerheim ihre Offiziersmesse.

Bürgermeister Gruber übergibt sein Amt an August Hahn

Ende Juni 1945 legte Bürgermeister Gruber sein Amt zurück, und August Hahn wurde vom Gemeinderat zum neuen Gemeindevorstand gewählt, anschließend von den Besatzungsmächten als Bürgermeister eingesetzt und im November 1945 in den ersten und freien Wahlen nach dem Krieg in seinem Amt bestätigt. Es waren dies keine eigenen Gemeinderatswahlen, sondern aufgrund der Stimmenergebnisse der Nationalratswahlen konstituierte sich in den jeweiligen Orten die Gemeindevertretung. Der Wiederaufbau der Ordnung war nicht allein durch Bundesregierung und Besatzungsmächte erfolgt. Die Gemeinden hatten dazu ebenso das Ihre beigetragen.

In kleinen Schritten ging es wieder aufwärts. Das Leben in Bruck begann sich zu normalisieren, doch die Lebensverhältnisse waren für heutige Begriffe unvorstellbar. Die „Weihnachtssonderzuteilung 1945" galt als erste Hoffnung für eine bessere Lebensmittelversorgung. Die Ansprache von Bundeskanzler Leopold Figl verdeutlicht eindrucksvoll die damaligen Zustände: „Ich kann Euch zu Weihnachten nichts geben, ich kann Euch für den Christbaum, wenn Ihr überhaupt einen habt, keine Kerzen geben. Kein Stück Brot, keine Kohle zum Heizen, kein Glas zum Einschneiden. Wir haben nichts (...), ich kann Euch nur bitten – glaubt an Österreich!"

Lebensmittelkarten.

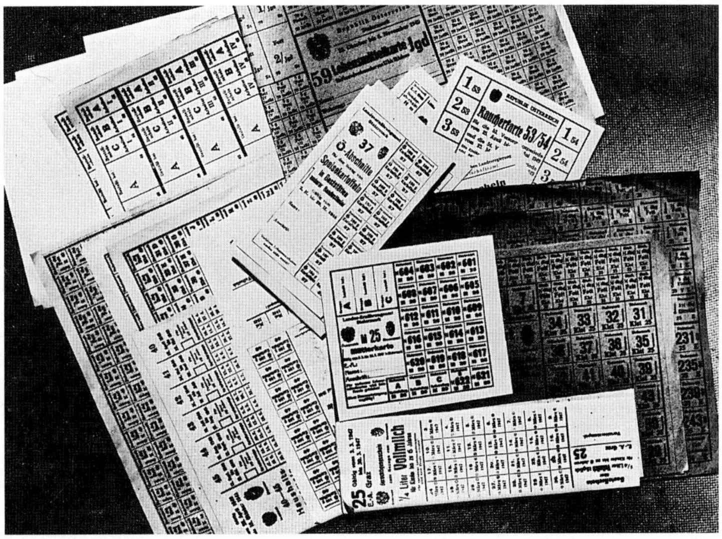

Die neueste Zeit

Wiederaufbau

Wie in allen anderen Städten Österreichs ging nun auch Bruck daran, den Schutt des Krieges zu beseitigen (ab 17. Juni 1946 übernahm die Stadtgemeinde die Müllabfuhr) und begann mit dem Wiederaufbau, der durch Bomben zerstörten Häuser. Wohnungen mußten geschaffen werden, Bildungs- und Ausbildungsmöglichkeiten durften nicht fehlen, auch Sport und Kultur sollten nicht vergessen werden.

So entstanden in der Zeit bis zum Staatsvertrag das große Sportstadion auf der Murinsel, der städtische Kindergarten in der Dr.-Theodor-Körner-Straße (Eröffnung am 3. Juni 1946), die vierklassige Volksschule in der Knottingerstraße mit angegliedertem Lehrerwohntrakt (1949).

Bürgermeister August Hahn.

Nach den Nationalrats- und Landtagswahlen am 9. Oktober 1949 fanden am 23. April 1950 die ersten echten Gemeinderatswahlen in der Steiermark seit dem Krieg statt. Aufgrund der Wahlergebnisse, SPÖ 5.334, ÖVP 1.867, WdU 786, KPÖ 582, konstituierte sich der neue Brucker Gemeinderat. Bürgermeister August Hahn und seine Fraktion konnten 62,2 % aller Stimmen erringen.

Ab 1951 konnten die in Pischk wohnenden Kinder die neue gemischtklassig geführte Volksschule besuchen, neben der auch eine einjährige Haushaltsschule geführt wurde. Im selben Jahr kam es zur Gründung der Brucker-Wohn- und Siedlungs-Genossenschaft.

Eine weiterer Impuls für das Kulturleben in Bruck war 1954 die Einrichtung eines Kammermusiksaales in der ehemaligen St. Martins Kapelle. Schon 1946 hatten sich Bruck, Leoben und Kapfenberg zum sogenannten „Dreistädtetheater" zusammengeschlossen. Die Zusammenarbeit des Leobner Stadttheaters mit Bruck an der Mur, Kapfenberg und später auch mit Knittelfeld sicherte das Überleben dieses Theaters. Das Repertoire des „Dreistädtetheaters", das regelmäßig in Bruck spielte, bestand aus Sprechstücke, Operetten und Opern.

Außenminister Figl zeigt den unterzeichneten Staatsvertrag.

Anfang Mai des Jahres 1955 einigten sich die Botschafter der vier alliierten Länder in einer Konferenz über die Wiederherstellung der Souveränität Österreichs. Am 15. Mai wurde der Staatsvertrag im Wiener Belvedere durch die Außenminister der Besatzungsmächte unterzeichnet. Im Herbst verließen die fremden Truppen Österreich. Das Land hatte nach 17 Jahren seine Unabhängigkeit wiedererlangt.

Staatsvertrag

Noch im selben Jahr entstand das neue Feuerwehrrüsthaus mit einem angegliederten Wohnhaus in der Fraunederstraße. 1956 erhielt die Stadt ein eigenes Heimatmuseum im Kreuzgang der Minoritenkirche und im folgendem Jahr einen neuen Bauhof in der Grazerstraße. Zwei neue Wohnhäuser in der Dr.-Theodor-Körner-Straße wurden fertig, ebenso der Bau der Knabenhauptschule mit der Sonderschule und der Umbau der Mädchenhauptschule sowie die Umgestaltung der Räumlichkeiten des ehemaligen Altersheims in die Musikschule und in eine Jugendherberge. Zur ständigen Einrichtung einer städtischen Musikschule und zur Gründung des Joseph-Haydn-Orchesters sowie des Singkreises kam es im Februar 1957.

Musikschule, Gründung des Joseph-Haydn-Orchesters; die Murinsel wird zum Mittelpunkt des Sportinteresses

Die Murinsel mit ihren Sportanlagen, die in den folgenden Jahren ständig erweitert wurden (1958 entstand das Sporthaus), wurde zum Mittelpunkt der Brucker Sportaktivitäten. Ein Jahr später konnte die evangelische Gemeinde von der Schiffgasse in die neue Kirche in der Grabenfeldstraße übersiedeln.

Unter Hahns Amtsführung (bis Jänner 1965) lief für die ständig wachsende Einwohnerschaft die Wohnbauoffensive ungebremst weiter. 1960 kam es zum Abbruch der alten Klosterkaserne an der Kreuzung Fraunederstraße/Dr.-Theodor-Körner-Straße und zum Neubau von Wohnhäusern bzw. neuer Büros der Stadtwerke. Ein Außenfreko an der Hausmauer zur Fraunederstraße und ein Bildstock in der Thodor-Körner-Straße erinnern an das einstige Kloster der Kapuziner und späteren Kaserne.

Wohnbauoffensive

Um die notwendigen Zufahrtsmöglichkeiten zu den vielen Neubauten zu schaffen, ging die Stadtverwaltung auch an die Sanierung oder den Ausbau des Straßennetzes. Für die jüngsten Brucker kam es zur Modernisierung, bzw. zum Neueinrichtung des Pischker Kindergartens (1963) und zum Neubau des Kindergartens Westend (1964). Unter Bürgermeister Hahn dominierten zwei Großbaustellen das Stadtbild: 1959 die totale Neugestaltung des Koloman-Wallisch-Platzes, verbunden mit der Verlegung des Reisebüros vom Minoritenplatz in das neue Gebäude in der Mitte des Hauptplatzes, und 1964 der Aus- und Umbau des Bahnhofes, verbunden mit der totalen Neugestaltung des Vorplatzes zu einem modernen Busbahnhof.

Bürgermeister Erwin Linhart, der 1965 das Amt des Stadtoberhauptes von Hahn übernahm, arbeitete mit gleicher Intensität und Energie an der weiteren Verbesserung der Brucker Lebensqualität.

Am Bausektor ging es ähnlich weiter: Wohnhäuser wurden errichtet, Straßen ausgebaut und die Kanalisationen verbessert. Die Volksschule

Bürgermeister Erwin Linhart.

Knottingerstraße erhielt einen Zubau und der Neubau der Schule in der Grabenfeldstraße (1965) bot allen Volksschülern in ihrem Einflußbereich einen wesentlich kürzeren Schulweg. Im Westen der Stadt ging ein Brükkenneubau seinem Ende zu: die neue Stadionbrücke, eine moderne Spannbetonkonstruktion, war notwendig geworden, um den immer stärker werdenden Zustrom zur Murinsel bewältigen zu können (Eröffnung am 29. April 1965). 1967 kam es zur feierlichen Eröffnung des großzügig geplanten Freibades auf der Murinsel, das kontinuierlich einen sportspe-

Das moderne Freibad auf der Murinsel.

zifischen Ausbau der ganzen Insel für die sportbegeisterten Brucker nach sich zog. 1968 übernahmen die Stadtwerke die Kunsteisbahn, die 1969 eine eigene Flutlichtanlage erhielt. Im selben Jahr war zudem ein eigener Trainigsplatz zwischen der Eisbahn und dem großen Stadion seiner Bestimmung übergeben worden; auch ein Verkehrserziehungsgarten wurde fertiggestellt.

In die Amtszeit von Bürgermeister Rudolf Burgstaller, der im Mai 1977 Erwin Linhart abgelöst hatte, fiel die Verwirklichung eines langgehegten Wunsches vieler Brucker: die Errichtung und Fertigstellung einer modernen Sporthalle, Ecke Jahnstraße/Schillerstraße, an der Stelle der ehemaligen Berufsschule. Zur Eröffnung am 14. 1. 1979 war Bundespräsident Dr. Rudolf Kirchschläger nach Bruck gekommen, der die großzügig angelegte Halle ihrer Bestimmung übergab.

Bürgermeister Rudolf Burgstaller.

Auch unter Burgstaller wurden Wohnungen gebaut, Straßen verbessert, Gehsteige angelegt, Kanalanschlüsse geschaffen und seine Verkehrskonzepte verwirklicht (1. Teil 1979, 2. Teil 1981). 1982 begannen Umbau- und Sanierungsarbeiten beim Rathaus, ebenso beim Heimatmuseum. Im selben Jahr begann man mit der Sanierung der Mittergasse -

Burggasse, was zur Errichtung der ersten Fußgängerzone in der Obersteiermark führte (Eröffnung am 5. 11. 1982) Im Jahr 1984 kam es zur Fertigstellung der vollbiologischen Kläranlage der Gemeinden Bruck und Oberaich in Bruck-Süd sowie zum ersten Sprengschuß beim Heuberg Straßentunnel für die große Umfahrung. Das Freibad wurde mit einer Badewasserbeheizung über Sonnenkollektoren und einer Warmwassererzeugung für die Brausen ausgestattet, am Gloriette über dem Bahnhof errichtete man eine Luftgütemeßstation.

Der alte „Schifferturm", einst Eckturm der alten Stadtmauer.

1985 wurde Rudolf Burgstaller (SPÖ) wiederum zum Bürgermeister gewählt. Gottfried Grandl (SPÖ) und Ingrid Sumnitsch (ÖVP) teilten sich das Amt des Vizebürgermeisters, Bernd Rosenberger (SPÖ) wurde Finanzreferent. Im April kam es zur Gründung des Brucker Literaturkreises und damit zu einer gemeinsamen Öffnung der literarisch Schaffenden nach außen, über die Stadtgrenzen hinweg. Auf der Murinsel begann die Generalsanierung des Freibades und der Einbau einer Filterung und eines Ausgleichbeckens. In Sichtweite des Freibades konnte noch im selben Jahr die Tennishalle eingeweiht werden. 1986 konnte mit der 4. und letzten Etappe der Umbau des Kindergartens in der Dr.-Theodor-Körner-Straße abgeschlossen werden. Der Kindergarten in der Wienerstraße erhielt einen Zubau.

Am Schifflend steht noch heute ein alter Turm, der als einstiger Wachturm in die mittelalterliche Stadtmauer eingegliedert war, die hier nach Norden abgebogen ist. Dieser Turm wurde behutsam und mit großer Genauigkeit saniert und somit der Nachwelt erhalten. 1987 erhielt die Wirtschaftskammer Bruck/Mur in der Murvorstadt ein eigenes Bezirksstellengebäude. Im Herbst kam es zur Eröffnung der großzügigen Umfahrung der Stadt Bruck durch den Verkehrsknoten der S6 und S35, was zur spürbaren Entlastung des engeren Brucker Raumes und zur Erhöhung der Lebensqualität der Brucker führte. 1988 wurde der Ausbau des Minoritenplatzes fortgeführt und der neugestaltete Platz, der ehemals den Minori-

Verkehrsknoten der S6 und S35 (li). Der Quellenbrunnen des Minoritenplatzes (re.)

ten als Klostergarten diente, im Herbst mit dem großen Quellenbrunnen (gestaltet von Prof. Muhr) seiner Bestimmung übergeben – die neue Bauer-Passage ermöglichte jetzt auch einen Zugang von der Mittergasse aus.

Bürgermeister Gottfried Grandl.

Im darauffolgenden Jahr kam es zum Vollausbau der Schiffgasse bis zum Schifferturm, zum Vollausbau der Murinselallee und zur Einrichtung einer Therapie-Aussenstelle der steirischen Vereinigung für behinderte Kinder im Pöglhof. Auf Gemeindeebene legte Rudolf Burgstaller sein Bürgermeisteramt zurück und überließ Gottfried Grandl (SPÖ) seinen Sessel. Gottfried Grandl wurde im März 1990 bei den darauffolgenden Gemeinderatswahlen als Bürgermeister bestätigt. Bernd Rosenberger (SPÖ) und Ingrid Sumnitsch (ÖVP) wurden zu Grandels Stellvertretern bestellt. Im Mai konnte das neue Stadtwerke-Center in der Stadtwerkestraße seiner Bestimmung übergeben werden und im September kam es zur Eröffnung des Ostringes hinter der Minoritenkirche.

Mit Jänner 1991 wurde das Parken für die Brucker kostenpflichtig. Ab nun benötigte und benötigt man in den blauen Zonen der Stadt Parkscheine. Im Juli kam es endlich, nach jahrelangen Verhandlungen, zum Spatenstich für das neue Landeskrankenhaus in der Laming. Etwa ein dreiviertel Jahr später (März 1992) war das Parkhaus an der Mürzmündung an der Stelle des alten städtischen Schwimmbades fertig und ab Oktober bot ein Kreisverkehr bei der Kreuzung Theodor-Körner-Straße/ Stadtion-Straße mehr Verkehrssicherheit in diesem Bereich.

1993 eröffnete im März die Altstadtgalerie (Mittergasse 13) und mit ihr 25 Geschäfte auf über 3.000m².

Im Mai kam es zu einer Erleichterung für alle am rechten Murufer wohnenden Brucker: die Hohenlimburgbrücke wurde übergeben. Sie verbindet die Postwiese mit dem Schifflend und erspart daher der Bevölke-

Die Hohenlimburgbrücke mit Blick zum Hotel Landskron. (Hagen-Hohenlimburg ist seit 1974 Partnerstadt von Bruck.)

rung den großen Umweg über die Grazerbrücke. Kaum ein Monat später, im Juni eröffnete der damalige Bundesminister Viktor Klima die zweite neue Mürzbrücke mit Kreisverkehr als Einbindung in die Wienerstraße. Kurz darauf nahm der City-Bus seinen Betrieb auf. Er fährt ab Bahnhof über den Koloman-Wallisch-Platz zur Murinsel, bzw. nach St. Ruprecht (Friedhof), Übelstein, Pöglhof. Anläßlich der Feier zum 100-jährigen Bestehen der Hauptschule faßte die Stadtgemeinde einen Baubeschluß für einen neuen Turnsaal (Kosten 26 Mio. Schilling).

Die Mürzbrücke.

Am 1. März 1994 kam es zur Eröffnung des neuen Landeskrankenhauses in der Laming, einem der modernst eingerichteten des Landes. Täglich sind ca. 335 reguläre Patienten auf den Stationen untergebracht, bis zu 200 Personen können ambulant behandelt werden, dazu kommen noch etwa 600 Bedienstete. Gleichzeitig wurde im alten LKH eine Pflegestation mit 46 Betten eingerichtet (Sept. 1994) und im November 27 Wohnungen im Seniorenwohnhaus übergeben.

Das moderne LKH.

Im Dezember des Jahres 1994 trat Bürgermeister Gottfried Grandl aus gesundheitlichen Gründen zurück und der bisherige Vizebürgermeister Bernd Rosenberger übernahm am 15. das Amt des Stadtoberhauptes. Rosenberger wurde in den darauffolgenden Gemeinderatswahlen im März 1995 mit überwältigender Mehrheit bestätigt, zum 1. Vizebürgermeister wurde Johann Straßegger (SPÖ), zum 2. KR Ing. Hannes Merl (ÖVP) bestellt, der damit die langjährige 2. Vizebürgermeisterin Ingrid Sumnitsch ablöste, die ihrerseits alle politischen Funktionen zurücklegte. Im selben Monat hatte die Volksschule in Berndorf erstmals einen neuen Turnsaal (Kosten 10 Mio. Schilling) erhalten.

Bürgermeister Bernd Rosenberger.

Durch die Fusionierung der Austria Draht Bruck mit der Walzdraht Donawitz zur „VA Austria Draht GmbH" mit Konzentrierung in Bruck konnten hier Arbeitsplätze gesichert werden. Die neue Fabrik führt am historischen Standort eines alten Hammerwerkes an der Mürz-Murmündung die Tradition der Eisenverarbeitung bis in die Gegenwart und in die Zukunft fort.

Blick in die Fußgängerzone mit Brunnen von Hannes Pirker.

Im August 1995 wurde die neue Fußgängerzone in der Mittergasse nach viermonatiger Bauzeit eröffnet. Der Bodenbelag wurde architektonisch neu adaptiert und zwar zur Hälfte mit Asphalt und Naturstein. Zwei Brunnen, entworfen von Hannes Pirker und Hermann Pitow, lokkern zusätzlich die stark bepflanzte Fußgängerzone auf. Im September wurde von den Stadtvätern der „Startschuß" für den Bau des neuen Kulturhauses im alten Kino- und Stadtsaalkomplex gegeben. Im selben Monat kam es zur Gründungsversammlung des „Trägervereines zur Förderung des Naturschutzes Bruck an der Mur" und damit zur Wiedereröffnung des Naturschutzzentrums. Im November 1995 wurde die KNP Leykam Papierfabrik an Norske Skog verkauft. Die 550 Mitarbeiter erzeugten zuletzt 300.000 t Papier für die Zeitungs- und Zeitschriftenproduktion.

Anfang April 1996 begann die Stadtgemeinde mit dem Abbruch des an das Rathaus anschließenden ehemaligen Hotels Bayer, um hier einen Erweiterungsbau (Fertigstellung voraussichtlich im Dezember 1997) für das Rathaus aufzuführen (vgl. dazu S. 140).

Das Kulturhaus der Stadt Bruck.

Für die zum Teil extravaganten Neu- und Umbauten, die das Stadtbild in den nächsten Jahrzehnten wesentlich mitprägen werden, wobei aber die alte und erhaltenswerte Bausubstanz, vor allem der schön geschlossenen Altstadt weiterhin gepflegt und gehegt wird sind vor allem die Stadtarchitekten D.I. Meinhard Neugebauer und D.I. Hans Wallner zu nennen.

Am 26. November 1996 konnte das neue Kulturhaus der Stadt mit einer Serie hochkultureller Veranstaltungen eröffnet werden. Bruck hat nun wieder ein Kino, einen multifunktionellen Saal sowie Räumlichkeiten für verschiedenartigste Ausstellungen (Kosten des 1. Bauabschnitts 36 Mio. Schilling). In die weitere Bauphase wird die alte Stadtmauer mit dem Stadtturm miteinbezogen und damit bildet gerade dieser Kulturkomplex eine untrennbare Verbindung aus Vergangenheit, Gegenwart und Zukunft auf dem Weg einer alten, traditionsreichen Stadt in ein modernes, lebenswertes Jahrtausend.

DIE KUNST- UND KULTURHISTORISCHEN DENKMÄLER DER STADT

Die Stadtpfarrkirche Mariä Geburt

Nördlich des Hauptplatzes, am Hohen Markt, erhebt sich weithin sichtbar die Stadtpfarrkirche Mariä Geburt, auch gerne als Liebfrauenkirche bezeichnet. Sie wurde schon bei der Neuanlage der Stadt um 1272 errichtet und löste gegen Ende des 15. Jahrhunderts (wahrscheinlich um 1498) St. Ruprecht als Pfarre ab.

Das Langhaus, dessen Mauerwerk im Kern auf das 13. Jahrhundert zurückgeht, war ursprünglich nach alter Sitte der romanischen Stilperiode mit einer flachen Decke, der Altarraum durch ein Gewölbe bedeckt. Daran wurde im 14. Jahrhundert an der Ostseite der gotische Hochaltar angebaut und im Jahr 1336 geweiht. Ungefähr 130 Jahre später (1465/66?) erfolgte eine Vergrößerung des Gotteshauses an der Nordseite durch den Anbau einer seitenschiffartigen Kapelle. Die Entstehung dieses Seitenschiffs könnte mit der Stiftung des Brucker Bürgers Valentin Liebknecht in engem Zusammenhang stehen. Zu den bereits genannten Erweiterungsbauten der Gotik gesellte sich die Einwölbung des Langhauses durch Netzrippen. Über den gesamten Komplex wurde schließlich ein Satteldach gezogen.

Außenansicht der Stadtpfarrkirche (v. Süden).

An der Südwestecke des Hauses befindet sich ein dreigeschossig gegliederter Treppenturm mit einem Schulterbogenportal. Daneben stehen an der Kirchenwand mehrere Wappen- und Inschriftengrabsteine aus dem 15. bis 17. Jahrhundert. Eingemauert am südlichen Chorstrebepfeiler stellen zwei Terrakottamedaillons den Brucker Stadtschreiber Christoph Schindelegger († 1506) und einen seiner 1541 verstorbenen Angehörigen dar. Ein frühgotisches Spitzbogenportal im Erdgeschoß wurde zugemauert. An der Nordwand der Kirche ist der Grabstein von Bürgermeister Caspar Riedlmayr mit dem Datum 1633 zu erkennen.

Die Spitzbogenfenster des Chors sind teilweise, das Ostfenster gänzlich vermauert. Nördlich davon schließt an Chor und Turm die zweigeschossige Sakristei aus dem 17. Jahrhundert an. Anläßlich der Außenrestaurierung unter Propst Dr. Franz Weinberger wurde im Jahre 1890 das Notdach des Turms von 1792 durch den jetzigen Helm ersetzt.

Die Pläne dazu erstellte der Grazer Stadtbaumeister Robert Mikovics. Die Gesamthöhe des nun das Brucker Stadtbild bestimmenden Turms beträgt 68 Meter.

Im Innenraum der Kirche sind im Langhaus Netzrippen mit runden skulptierten Schlußsteinen (Christuskopf, Rosetten, Bindenschild und Stadtwappen) zu sehen. Der wesentlich höhere Chor besitzt ein Kreuzrippengewölbe mit ebenfalls skulptierten Schlußsteinen (Lamm Gottes, Rosetten). Nordseitig befindet sich ein spitzbogiges Sakristeiportal mit einer bemerkenswerten spätgotischen Sakristeitüre. Diese Türe aus Eichenholz, die um 1500 für das damals neu errichtete Kornmesserhaus entstanden sein soll, stellt sicher eine der schönsten schmiedeeisernen Arbeiten der Gotik in Österreich dar. Die Gesamtfläche der Türe ist durch filigrane ornamentale Schmiedeeisenbeschläge in 41 Rautenfelder geteilt, in denen auf ursprünglich farbigem Grund zierliche schmiedeeiserne Ornamente befestigt sind.

Schlußsteine.

Detailansicht der gotischen Sakristeitüre in der Stadtpfarrkirche.

Achteckiges Wappenepitaph für Herzog Ernst, gest. 1424 in Bruck (seine Gedärme wurden hier in der Pfarrkirche beigesetzt).

Die fünf Fenster des Chors erhielten am 1. Dezember 1914 gemalte Kunstverglasungen. Die Entwürfe gehen auf den Regierungsrat Professor Ludwig Ritter von Kurz von Thurn-Goldenstein in Graz zurück. Unterhalb der Fenster, an der Chorsüdwand, befinden sich ein achteckiges, rotmarmornes Wappenepitaph für den steirischen Herzog Ernst, dessen Gedärme 1424 in der Brucker Kirche beigesetzt wurden, weiters die Wappengrabsteine des Brucker Erzpriesters Balthasar Siega († 1673) und des ersten, uns bekannten, frei gewählten Bürgermeisters der Stadt, Michael Holzaphl († 1508). An der Nordseite des Chors sind Wappen und Grabsteine von Caspar Ayrer und des Nachfolgers von Dr. Siega, Franz Ignaz Marchovitsch († 1678), zu erkennen.

Das nördliche Seitenschiff teilt sich durch eine Abmauerung in die Kreuzkapelle und die Taufkapelle. Hier wurde 1948 das Fresko einer Anbetung der Könige freigelegt. Darunter befindet sich noch eine ältere Freskoschicht, wahrscheinlich aus gotischer Zeit.

Blick zum Hochaltar.

Sowohl diese Arbeit (16. bis 18. Jhd.?) als auch ein Leinwandbild mit der Darstellung der Kreuztragung Christi erinnert an die Türkennot, da die Ungläubigen auf diesen beiden Werken türkische Gewänder tragen. Über dem Eingang zur Kreuzkapelle hängt ein von Joseph Adam Ritter von Mölck 1771 geschaffenes Gemälde. Lokalhistorisch ist die Darstellung von Abraham mit drei Engeln insofern von Interesse, da im Bildhintergrund die Stadt Bruck mit der Festung Landskron und Kapfenberg zu erkennen sein soll.

Der klassizistische Hochaltar stammt aus dem 19. Jahrhundert, das Altarblatt Mariä Geburt schuf der Brucker Künstler Matthias Schiffer im Jahre 1807. Seitlich ist der Altar von den Statuen der Heiligen Johannes des Täufers und Joseph gesäumt. Die zwei Seitenaltäre sind Arbeiten aus dem dritten Viertel des 18. Jahrhunderts. Beide Altarblätter wurden von Philipp Carl Laubmann 1751 gestaltet. Das linke Blatt stellt Maria Immaculata, das rechte das Letzte Abendmahl dar. Das ehemalige Hochaltarbild, ebenfalls mit dem Thema Geburt Mariens, von Ioannes J. Terzanus Comenis aus dem Jahre 1647 befindet sich heute gegenüber der gotischen Sakristeitür. Die Kanzel stammt aus der selben Zeit wie der Hochaltar und trägt am Korb allegorische Figuren der drei göttlichen Tugenden. Das älteste Stück der Kirchenausschmückung ist eine aus Gußstein verfertigte Pietà aus den Anfängen des 15. Jahrhunderts, die heute an der Kirchensüdwand unter einem Fenster aufgestellt ist.

Links, die angebliche Darstellung von Bruck und Kapfenberg auf dem Gemälde von Joseph Adam Ritter von Mölck (1771).
Rechts, Gußstein-Pietà aus dem beginnenden 15. Jhd.

Das alte Geläute der Pfarrkirche bestand aus Glocken von 1791, 1794 und 1798 aus der Grazer Gußstätte Feltl. Von diesen alten Glocken ist nur noch die von 1794 vorhanden. Auf ihr sind die Heiligen Anna, Florian, Rochus und Sebastian abgebildet.

Anläßlich der letzten Innenrestaurierung unter Stadtpfarrpropst Simon Poier konnten im gotischen Chor und im Kirchenschiff Freskenreste freigelegt werden. Am 19. Dezember 1982 wurde das Gotteshaus feierlich wiedereröffnet und die neue Orgel geweiht. Die nachfolgende Außenrestaurierung fand 1989 ihren Abschluß.

Die ehemalige Minoritenkirche Maria im Walde

Am Südfuße des Schloßberges, am Ostrand der Altstadt liegt die ehemalige Bettelordenskirche mit südseitig anschließendem Klostergebäude. Der einst strategisch wichtige Stadtteil wurde den Minoriten zugewiesen, die hier ihr Kloster mit der Kirche errichteten. Urkundlich wird der Komplex 1292 erstmals genannt. Die Kirche soll aber einer Inschrift zufolge schon 1272/73 durch Udalrich Graf von Montfort gegründet und der gesamte Bau im Jahre 1301 vollendet oder erweitert worden sein. Sie gilt als eine der ältesten und am besten erhaltenen ursprünglich flachgedeckten Saalkirchen Österreichs.

Der Außenbau des im 13. Jahrhundert entstandenen Langhauses ist ungegliedert und wurde in der 2. Hälfte des 17. Jahrhunderts durch einen

Schnitzrelief im Tympanon aus dem Jahre 1660, Maria im Walde (Heilige Familie mit Johannesknaben).

Kapellenanbau erweitert. Der Chor ist leicht eingezogen und durch ein steiles Satteldach vom Langhaus abgesetzt. Die Ostfenster des Chors, die ursprünglich zweibahnig waren, hatte man leider, bis auf die Rosetten im Bogenfeld, vermauert. Die ungegliederte Westfassade besitzt neben den Schallfenstern, der Uhr und zwei Rechteckfenstern aus dem 17. Jahrhundert ein hochgotisches spitzbogiges Portal. Im Tympanon befindet sich ein bedeutendes Werk barocker Schnitzkunst mit der Darstellung Maria im Walde, das etwa auf das Jahr 1660 datiert wird. Der Durchgang hinter dem unteren Teil der Westfassade entstand in den Jahren 1952/53. In den Maueröffnungen stehen die Statuen der Heiligen Florian und Nepomuk, die aus dem Schloß Bärnegg (Bez. Hartberg) stammen.

Rundscheibe Segnender Christus aus dem Ostfenster, Glasmalerei um 1295.

Das einst flach gedeckte, einschiffige Langhaus wurde in den Jahren 1655 bis 1678 barockisiert und gewölbt. Der Chor besitzt ein Kreuzrippengewölbe mit skulptierten und polychromierten Schlußsteinen (Lamm Gottes, Hand Gottes, Rosette). Eine Glasmalerei des Jahres 1295, die den segnenden Christus zeigt, zierte einst das Ostfenster. Die Rundscheibe befindet sich heute in der Obhut des Landesmuseums Joanneum in Graz.

Beachtenswert im Inneren der Kirche sind die erst im 20. Jahrhundert freigelegten gotischen Wandmalereien. An der Chornordwand ist das Bildnis einer Maria Verkündigung (um 1380), an der Südwand, von der Hand desselben Künstlers, vielleicht eines italienischen Wandermalers, das Fragment einer Engelsfigur zu sehen. Darunter befinden sich zwei

Bilderfeld an der Langhaus-südwand mit der Darstellung des hl. Achatius und Marter der 10.000 auf dem Berg Ararat (Detail).

der Montfort-Werdenberg und der Reinegg. Daneben ist ein weiteres Wappen eines Montforts zu erkennen, das aber einer älteren Schicht angehört (Anf. 14. Jhd.), sowie ein eingemauertes Epitaph und ein Wandrelief des Wolfgang von Montfort aus dem Jahre 1593 mit einer fragmentarisch erhaltenen Umrahmung.

An der Langhausnordwand sind die Reste eines ursprünglich 20 Meter langen Bildstreifens mit der Darstellung von Begegnung, Zug und Anbetung der Heiligen Drei Könige ersichtlich. Auf der gegenüberliegenden Seite existiert ein weiteres großes Bildfeld mit der Abbildung des heiligen Achatius und der Marter der 10.000 auf dem Berg Ararat.

Der monumentale Hochaltar (um 1700) besteht aus Stuckmarmor. In der Mitte befindet sich eine von einem barocken Strahlenkranz umgebene spätgotische Madonna (um 1480). Der linke Seitenaltar wurde um 1725 errichtet und zeigt im Altarblatt den heiligen Johannes Nepomuk. Das Blatt des rechten Altares mit der Levitation des heiligen Joseph von Copertino über dem Kreuz entstand zur selben Zeit. Für die Kanzel der Kirche zeichnet höchstwahrscheinlich Matthäus Krenauer verantwortlich, sie entstand vor 1730. Mit reichem Schnitzwerk ausgestattet zeigt sie auf dem Schalldeckel die Figur des heiligen Franz von Assisi.

Als bedeutendstes Kunstwerk des Brucker Barocks gilt in Fachkreisen das Altarblatt der Antoniuskapelle. Das vom heimischen Barock- und Hofmaler der Eggenberger Hans Adam Weissenkircher im Jahre 1690 geschaffene Bild bildet den heiligen Antonius von Padua vor der Madonna ab. – Die Außenrenovierung wurde 1987 vollendet.

Die St.-Ruprechts-Kirche

Westlich außerhalb der Stadt, erhöht am rechten Murufer, steht, vom Stadtfriedhof umgeben, die ehemalige Stadtpfarr- und heutige Filialkirche St. Ruprecht. Diese, dem Andenken des heiligen Ruprechts gewidmete Kirche ist eine Gründung des Erzbistums Salzburg und geht in ihrem Kern bis auf das 9. Jahrhundert zurück.

Die ursprünglich romanische Anlage mit flacher Holzdecke und Dachreiter soll 1063 erstmals geweiht worden sein. Das nach Osten vorgelegte Chorquadrat diente als Altarraum. Über diesem wurde dann der im 18. Jahrhundert barockisierte Turm errichtet, in dessen Obergeschoß innen noch romanische Fenster zu sehen sind.

Einer lateinischen Inschrift zufolge wurde 1415 der gotische Chor östlich an das Gotteshaus angebaut. Gleichzeitig dürfte die Nordwand des Langhauses aufgebrochen, dessen Decke eingewölbt und parallel dazu das Nordschiff angebaut worden sein. Kurz darauf entstanden auch die spätgotische Sakristei und die nach Westen anschließende Kapelle mit dem runden Treppenturm.

Die Langhausnordwand ist äußerlich völlig ungegliedert, die Rechteckfenster stammen aus der zweiten Hälfte des 17. Jahrhunderts. An der Südseite erkennt man spätgotische Rundbogenfenster und ein Rechteckfenster. Das Mauerwerk ist romanisch, über dem Gewölbe sind noch zwei Fenster aus dieser Periode erhalten. Der Chorturm besitzt doppelte Rechteckschallfenster für die auf 1453 datierte Glocke, eine Uhr, eingezogene Rundbogengiebel und eine Zwiebelhaube. Die vier Schlußfenster des Chors sind zweibahnig und mit Maßwerk versehen. Das spitzbogige Nordportal wurde durch eine Tür mit gotischen Beschlägen geschlossen. Unmittelbar darüber ist ein römisches Reiterrelief in die Kirchenwand eingemauert. Das Westportal wurde ebenfalls spitzbogig angelegt und befindet sich unter einem Vordach. Daneben sind ein Stein mit Ablaßinschriften von 1463 und Steinmetzzeichen ersichtlich.

Das Innere des zweischiffigen Langhauses überwölbt ein Kreuzrippengewölbe auf polygonalen Wandpfeilern bzw. achteckigen Mittelpfeilern mit skulptierten und polychromierten Schlußsteinen (Lamm Gottes, Christusmonogramm, Zunftzeichen, Bindenschild). Über den Chor zieht sich ein aus dem Jahre 1415 stammendes Sternrippengewölbe. Es ist die älteste in der Steiermark datierbare Arbeit dieser Art. Die Schlußsteine zeigen ein Bindenschild und den steirischen Panther.

Astwerkkruzifix, ehemaliges Vortragekreuz aus der Ruprechtskirche (um 1420).

Alte Ansicht der Ruprechtskirche am Altarblatt des Hochaltars (ca. 1680).

Detailansicht der Weltgerichtsdarstellung oberhalb und zu seiten des Triumphbogens.

Die Wandmalereien des Chors stammen aus der Schule eines Brucker Minoritenmeisters und werden auf das Jahr 1416 geschätzt. An der Westwand befindet sich eine große, die Wandfläche oberhalb und zu seiten des Triumphbogen füllende, fast vollständig erhaltene Weltgerichtsdarstellung mit Deesis, den Aposteln und dem heiligen Ruprecht, den Auferstehenden, den Engeln mit Leidenswerkzeugen, dem Zug der Seligen und Verdammten sowie die Krönung Mariens und den Höllenrachen.

Die Entstehungszeit des Hochaltars wird mit 1680 angegeben. Sein Altarblatt zeigt neben dem heiligen Ruprecht eine alte Ansicht der Ruprechtskirche. Das Blatt des Seitenschiffaltars (2. H. 18. Jhds.) stellt die Schmerzhafte Muttergottes, der rechte Kapellenaltar (1. H 18. Jhds.) die Anbetung der Heiligen Drei Könige dar. Die mit reichem Laub-Bandlwerkschnitzereien verzierte Kanzel (um 1735) ist eine Arbeit von Matthäus Krenauer. Am Korb sind ein Predigerkreuz und die Bildmedaillons der vier Evangelisten, an der Rückwand ist das Bild des heiligen Paulus zu sehen.

Die St.-Georgs-Kirche beim Pöglhof

Auf einer Terrasse nordöstlich des Schloßberges, nahe der Bundesstraße nach Kapfenberg, steht der Pöglhof – vorgeschoben am Terrassenrand die spätgotische Kirche St. Georg.

An dieser strategisch günstigen und geschützten Stelle, die einst zum Besitz „Lomnicha“ der Eppensteiner gehörte, stand ein Wehrbau dieser

Die Kirche des hl. Georg und der Pöglhof (um 1850).

Dynastenfamilie. Das bezeichnenderweise dem Ritterpatron St. Georg geweihte Kirchlein wird bereits 1060 als Eigenkirche Markwarts von Eppenstein genannt und war schon um das Jahr 1066 mit einem Tauf- und Begräbnisrecht ausgestattet. Wiederholt erwähnt wird das Gotteshaus in einer Bestätigungsurkunde des von den Eppensteinern gegründeten Benediktinerstifts St. Lambrecht.

Das ursprünglich romanisch ausgeführte Bauwerk wurde Ende des 15. Jahrhunderts im spätgotischen Stil umgebaut. Der schlichte, ungegliederte Außenbau trägt ein Walmdach mit einem sechseckigen Dachreiter. Ende des 17. Jahrhunderts wurde nordseitig am Chor eine Sakristei angefügt. Auf den ersten Blick sind von außen das schulterbogige Westportal, das rundbogige Nordportal sowie ein südseitiges spitzbogiges Langhausfenster und das Ostfenster mit Maßwerkverzierung von Bedeutung.

Dekorative und farbenfrohe Bemalung der Stern- und Netzrippen.

Im Inneren wird das Langhaus von einem Sternrippengewölbe überzogen. Der einfache, aber gut gegliederte Bau ist vor allem durch die dekorative und farbenfrohe Bemalung der Rippen in der Kirche (gelb, grün, rot und blau) sehens- und erwähnenswert. Im Chor mit einem Netzrippengewölbe befinden sich dichte Rankenmalereien (entstanden etwa um 1500), die vier Evangelistensymbole um das Christusmonogramm sowie Büsten der vier Kirchenväter. Genealogisch wichtig und interessant ist ein Bildnis mit dem Wappenbaum des Georg Kuglmann von 1710. An der Langhaussüdwand werden, unterteilt in einzelne Bildfelder, die 14 Nothelfer dargestellt, über diesen berichten umfangreiche Inschriften über Ereignisse aus den Jahren 1490 und 1510/11.

Das Altarblatt des im Jahre 1712 entstandenen Hochaltars zeigt den Patron der Kirche, den heiligen Georg. Es wird seitlich von Statuen der Heiligen Franz Xaver und Johann Nepomuk gesäumt.

Als künstlerisch wertvoll zu bezeichnen ist auch noch die zwischen 1420 und 1430 geschnitzte Heilige-Anna-Selbdritt-Gruppe.

Die St.-Nikolaus-Kirche

Die Nikolauskirche südlich von Bruck um 1813/1814.

Unmittelbar neben der Schnellstraße (S6) in Richtung Kapfenberg erkennt man rechter Hand auf einer leichten Anhöhe das von einer Friedhofsmauer umgebene St.-Nikolaus-Kirchlein.

Diese Brucker Filialkirche wurde von den Murflößern und Schifferleuten der Stadt, die sich in der Nikolaibruderschaft vereinigt hatten, zu Ehren ihres Schutzpatrons, des heiligen Nikolaus, errichtet.

Sie steht nicht weit von der Stelle entfernt, an der die Mur ihre Richtung ändert und nach Süden abbiegt. Gerade dort bildeten in alter Zeit die Stromschnellen des Flusses besondere Gefahren für die Flößer.

Obwohl der Bau mit seinem typisch barocken Zwiebelturm erstmals 1495 und 1500 als „s. Nicla bey der Muer" urkundlich erwähnt wird, stammt er aus der romanischen Periode. Die anfangs flache Decke der damals im typischen Stil errichteten Kirche wurde Mitte des 15. Jahrhunderts durch Netzrippen gotisch eingewölbt. Zeichen der Murflößerzunft zeigen die runden, bemalten Schlußsteine des Kreuzrippengewölbes im gotischen Chor. Ebenfalls Symbole der Flößer und Reste ornamentaler Glasmalereien finden sich im nördlichen Chorfenster. Im gegenüberliegenden, südlichen Fenster sind die Heiligen Johannes und Christophorus (um 1430) zu sehen. Interessant ist ein Wandgekritzel beim Choraufgang, das aus dem Jahre 1560 stammen dürfte.

Der barocke Hochaltar ist mit 1735 datiert. Sein Altarblatt zeigt den heiligen Nikolaus und ist seitlich von den Statuen der Heiligen Johannes

Schnitzfigur Thronender hl. Nikolaus (um 1440). Abb. unten: Symbole und Zunftzeichen der Flößer als Glasmalerei im nördlichen Chorfenster (um 1430).

Nepomuk und Antonius gesäumt. Beim linken Seitenaltar befinden sich gotische Staueteten aus dem 14. Jahrhundert – der rechte Altar ist ebenfalls von Arbeiten aus derselben Periode und einer barocken Statue der heiligen Barbara umgeben. Die beiden Altäre selbst entstammen der zweiten Hälfte des 17. Jahrhunderts. Erwähnt sei noch eine Schnitzfigur des heiligen Nikolaus, eine Arbeit, die um 1440 entstanden sein dürfte.

Am 20. Oktober 1996, nach vier Jahren, konnten die langen und sorgfältig durchgeführten Renovierungsarbeiten abgeschlossen werden.

Der Kalvarienberg und die Kirche zum Blutschwitzenden Heiland

Als letzter Ausläufer der Brucker Hochalpe erhebt sich westlich des Murknies der Kalvarienberg.

Die ersten vier Kreuzwegstationen auf diesem Berg sind durch eine Stiftung des angesehenen Brucker Bürgers Dominikus Walchegger und seiner Gattin im Jahre 1704 entstanden. Eine fünfte Station kam erst 14 Jahre später hinzu. Auf einem Gedenkblatt berichten einige kurze Zeilen vom „Anfang und Ursprung des allhiesigen neu aufgerichten Berg Calvari". Demnach wurde der erste Stein der Stiftung vom damaligen Bürgermeister Johann Georg Riedlmayr d. Ä. im Beisein des Brucker Erzpriesters und Stadtpfarrers Johann Baptist Braun sowie weiteren geistlichen und weltlichen Würdenträgern gelegt.

Die Stadtansicht von Kunike (Zeichner) und F. Wolf (Lithograph) zeigt die Stadt vom linken Mürzufer (von Nordosten). Das Wienertor, die Minoritenkirche und die Kalvarienbergkirche ziehen das Auge des Betrachters auf sich (um 1830).

Die Kirche zum Blutschwitzenden Heiland stellt ein Dankopfer der Bürger Brucks für die Abwendung der Pestepedemie von 1716 dar. Der Bauauftrag wurde 1718 dem Baumeister Andreas Sattler übertragen, und bereits am 12. April 1719 konnte die Kirche geweiht werden. 1721 erhielt das Gotteshaus vom Salzburger Erzbischof die Meßlizenz. Gleichzeitig siedelte sich in einer der fünf Kreuzwegkapellen ein Einsiedler an, der die Kirche betreute.

Das rechteckige Langhaus besitzt eine dreiachsige Fassade mit Eckpilaster. Auf dem westlichen Dachreiter mit einem Segmentbogengiebel befindet sich ein Pyramidenspitzdach aus der zweiten Hälfte des 19. Jahrhunderts.

Im Inneren sind ein Kreuzgratgewölbe, ein eingezogener Triumphbogen und der kreuzgratgewölbte Chor erwähnenswert. Heute ist die Kirche völlig leer und dem Verfall preisgegeben. Die barocke Altarausstattung und die Positivorgel (etwa um 1700) mit den farbenprächtig bemalten Flügeltüren, König David und die heilige Cäcilia darstellend, wurden aus der Kirche entfernt und nach einer gründlichen Restaurierung in die Stadtpfarrkirche gebracht.

Farbenprächtig bemalte Flügeltüre der Positivorgel mit der hl. Cäcilia (um 1700).

Das ehemalige Bürgerspital und die ehemalige Spitalskirche zum heiligen Martin

Altartafel des 1518 gestifteten Flügelaltars, den hl. Martin darstellend.

Wahrscheinlich schon zur Zeit der Neuanlage der Stadt, oder zumindest nicht viel später, wurde das ehemalige Bürgerspital mit der Spitalskirche (jetzt die Musikschule der Stadt) erbaut.

Der aus mehreren Trakten bestehende zweigeschossige Baukomplex mit schlichter Fassade und östlich anschließender Kirche geht in seinem Kern auf das 14./15. Jahrhundert zurück. Die erste urkundliche Erwähnung wird uns aus dem Jahre 1329 überliefert, als das Spital anläßlich einer testamentarischen Stiftung der Gemahlin Herzog Friedrichs des Schönen, Elisabeth, genannt wird. Aber auch sonst fanden sich Gönner, die dem Haus Geld und Güter zukommen ließen. So etwa überließ der wohlhabende Bürger und Weinhändler Georg Pichler 1591 dem Spital einen Weingarten am Weißenberg bei Marburg. Diese Realitäten wurden dann meist vom Stadtrat im Einvernehmen mit dem „Spitlmeister“ verpachtet.

Die angebaute St.-Martins-Kapelle (profaniert) mit einem neugotischen Dachreiter besitzt an der Langhaus-Nordseite ein spätgotisches Spitzbogenportal und ein zweibahniges Fenster mit Fischblasenmaßwerk. Neben dem Nordportal stellt ein zum Teil mehrfach übermaltes und ergänztes spätgotisches Wandgemälde eine weibliche Heiligenfigur dar.

Im Chor befinden sich drei weitere zweibahnige Maßwerkfenster. Das zweijochige Sternrippengewölbe des Langhauses stammt aus der zweiten Hälfte des 15. Jahrhunderts, das Kreuzrippengewölbe des Chors aus dem 14. Jahrhundert. Es wird durch einen runden, skulptierten Schlußstein (Lamm Gottes) geschlossen.

Die Altartafel eines 1518 gestifteten Flügelaltars, den heiligen Martin darstellend, gehört zu den bedeutendsten Kunstwerken der steirischen Gotik und befindet sich als Leihgabe im Landesmuseum Joanneum in Graz. Auftraggeber des Votivbildes war eine Familie Leiner. Das kniende Stifterpaar mit dem Familienwappen ist am unteren Bildrand zu erkennen. Der unbekannte Schöpfer dieser Tempera-Arbeit auf Eichenholz wird in der Kunstgeschichte mit dem Notnamen „Meister der Brucker Martinstafel" benannt.

Die ehemalige Heiligen-Geist-Kirche

Am Fuße des Kalvarienberges, unmittelbar neben der Schnellstraße nach Graz, fällt dem Betrachter ein grauer dreieckiger Bau ins Auge. Es ist dies die ehemalige Heiligen-Geist-Kirche. Diese eigentümliche, jetzt zweigeschossige Anlage, die in ähnlicher Weise selbst im Mittelalter selten vorkam, besitzt als Grundriß ein regelmäßiges Dreieck, dessen Ecken abgestumpft sind. Diese Flächen wurden durch das Dach derart hindurchgeführt, daß sich in der Folge drei Giebel bildeten, die auf dem Hauptgesims aufsitzen.

An der Südwestseite befinden sich ein vermauertes spätgotisches Schulterbogenportal und darüber Reste eines dreiteiligen Maßwerkfenster. Im Inneren (Obergeschoß) liegt der sechsseitige Hauptraum mit einem Sternrippengewölbe und einem aus einem regelmäßigen Sechseck konstruierten Schlußstein. An den Wandflächen sind noch Stiftungsinschriften von Brucker Bürgern mit Wappen zu sehen.

Das Gebäude, wie es sich heute äußerlich zeigt, entstand, wie aus Urkunden zu entnehmen ist, in der Zeit von 1495 bis 1497. Von den ursprünglich sechs Namen der Stifter sind noch fünf erhalten, und zwar: Pankranz Kornmeß, Michael Holzaphl, Leonhard Schierling, Albrecht Dyem und ein M. L.

Die Widmung des sechsten Stifters, Sebald Pögl, ist nicht mehr vorhanden, da die betreffende Mauerstelle durchbrochen wurde.

Schon vor dem jetzigen Bau befand sich an der gleichen Stelle die Kapelle eines Siechenhauses, die von Rüdiger Oelhaven, Pfarrer von St.

Sternrippen im sechsseitigen Hauptraum.

Das alte Kirchengebäude liegt heute unmittelber neben dem Straßenknoten der S6 und S35.

Ruprecht, laut einer Stiftungsurkunde von 1422 zu Beginn des 15. Jahrhunderts erbaut worden war.

Unmittelbar daneben lag das Aussetzigenspital, das zwar im 15. Jahrhundert genannt, aber nach der Neuaufführung der Kirche in den Urkunden nicht mehr erwähnt wird.

Als das Gotteshaus nach seiner Exsekrierung ab 1794 für einige Zeit geschlossen war, sollte es abgetragen und das Material sowie die Einrichtung zur erneuten Instandsetzung der abgebrannten Stadtpfarrkirche verwendet werden. Doch über Einspruch des Kreisamtes unterblieb die Abtragung. Die Kirche wurde geschätzt, das Gebäude auf 100 Gulden, die hölzernen Altäre und Kirchenstühle auf neun Gulden, und alles zusammen wurde bei einer Versteigerung um 116 Gulden verkauft. Im Jahre 1808 befand sich das Gebäude im Privatbesitz des Postmeisters Joseph Edler von Ehrengreif. 1841 diente es als Gasthaus und in der Folge wurde es durch Stockwerksunterteilung in ein Wohnhaus umgebaut.

Die Marien- oder Pestsäule am Hauptplatz

Immer wieder hatte die Stadt Bruck an der Mur, wie andere Ortschaften auch, unter Feuer, Pest und Hochwasser zu leiden. Daher gelobte die Bürgerschaft im Jahre 1710 die Errichtung einer Mariensäule, die von sechs Schutzpatronen umgeben sein sollte. Durch dieses Werk wollte man Gott versöhnen und die „Gottesplagen" von der Stadt abwenden.

Am hohen Sockel, der die barocke Maria Immaculata trägt, befindet sich das Stadtwappen. Die Gruppe besteht aus sechs Heiligenstandbildern. Auf der Abb. die Heiligen Joseph (li.) und Johannes Nepomuk (re.).

Die Gruppe besteht aus einem mittleren hohen Sockel mit dem steinernen Stadtwappen. Dieser trägt eine Säule mit glattem Schaft, auf der die Statue der Maria Immaculata steht. Sie wird von sechs Standbildern der Heiligen (v.l.n.r.) Florian, Sebastian, Joseph, Johannes Nepomuk, Rochus und Antonius von Padua umgeben. Die Postamente wurden vom Baumeister Blasy Rueß aufgeführt, die spätbarocken Figuren, schon mit Zügen des Rokokostils, entstammen der Hand von Joseph Wolff.

Nach dem großen Stadtbrand von 1792 errichtete die Stadt einen zweiten Brunnen am Hauptplatz. Der Stadtbaumeister hatte diesen jedoch zu knapp neben die in der Mitte des Platzes stehende Mariensäule gestellt, so daß kein anderer Ausweg blieb, als die Säule mit den Heiligen weiter nach Süden zu versetzen. Diese Arbeit führte der Brucker Steinmetzmeister Franz Pack, der Erbauer des „Neptunbrunnens", im Sommer des Jahres 1796 durch.

Die Maria-Hilf-Kapelle

Die Maria-Hilf-Kapelle am Ende der Schiffgasse ist eines der wenigen Baudenkmäler, deren Herkunft noch im dunkeln liegt. In einem alten Grundbuch wird sie erstmals im Jahre 1783 erwähnt.

Der kleine Bau aus dem 18. Jahrhundert mit einem Valutengiebel hat in seinem Inneren ein Kreuzgratgewölbe und wird durch ein Altargitter aus der Entstehungszeit abgeschlossen.

Im Jahre 1924 wurde die Kapelle durch eine Spendenaktion renoviert, und am 14. September desselben Jahres erfolgte die Wiedereinweihung durch den Stadtpfarrprobst Dr. Schellauf. Eine wiederholte Außenrenovierung wurde erst 1996 abgeschlossen.

Die kleine barocke Maria-Hilf-Kapelle am Ende der Schiffgasse.

Renaissance-Madonna (1606), gestiftet von Martin Hietwol.

Der Bildstock in der Theodor-Körner-Straße

Gegenüber dem Brucker Roten Kreuz steht in der Theodor-Körner-Straße ein vierseitiger Tabernakelpfeiler aus der Renaissancezeit. Der damalige Bürgermeister Martin Hietwol, von Beruf Goldschmied, ließ diesen 1606, im Jahre in dem er zum zweiten Mal Bürgermeister wurde, errichten. Ein Jahr später fand hier die Grundsteinlegung für das Kapuzinerkloster statt. In der Nische des Aufsatzes steht eine Madonnenstatue aus den Stiftungsjahren. Darunter befinden sich das Wappen der Hietwol mit den Buchstaben M. H., die Jahreszahl 1606 und eine Inschrift.

Eine der vier Figuren, die einst in den Nischen des Wegkreuzes standen: der Auferstandene Heiland.

Das Steinkreuz an der Landskrongasse

Vor dem ehemaligen Wienertor, dort wo die Landskrongasse von der aus Kapfenberg kommenden Einfahrtsstraße abzweigt, steht ein steinernes, gotisches Wegkreuz.

Der vierseitige Bildstock mit einer Höhe von etwa acht Metern wird bereits in einem vor 1480 angelegten Urbar der Herrschaft Landskron genannt. Er wurde auch lange Zeit als Grenzstein angesehen, denn hier verlief einst die Trennungslinie des Brucker Magistrats und der Herrschaft Landskron.

Kunsthistorisch interessant sind die an den vier Seiten des Stocks vorhandenen kannelierten Eckpfeiler mit den von Maßwerk verzierten Spitzbogennischen. In den vier Nischen befanden sich einst eine Madonna mit Kind, der auferstandene Heiland aus der Errichtungszeit sowie ein heiliger Rochus und eine Nachbildung der Mariazeller Muttergottes aus der Zeit des Barocks.

Der eiserne Brunnen

Auf dem Hauptplatz, schräg gegenüber dem Rathaus, steht der eiserne Brunnen – eines der bedeutendsten schmiedeeisernen Kunstwerke seiner Art in der Steiermark.

Schon seit der Stadtgründung dürfte sich an dieser Stelle ein Brunnen befunden haben. Diese alten Brunnen, aus denen das Wasser mit Eimern aus der Tiefe gezogen werden mußte, erforderten meist ein Gerüst aus eisernen Streben, an denen der Aufzug befestigt war. Dieses Gestell ruhte auf einem kleinen Unterbau, oder der Ziehmechanismus wurde direkt an demselben befestigt. In letzterem Falle setzte man auf den steinernen Sockel nur ein Schutzgitter, im ersteren Fall aber brachte man zwischen den Stäben Gitterwerk in der verschiedenartigsten Weise an.

Ein hervorragendes Beispiel eines Brunnens letzterer Art besitzt die Stadt Bruck an der Mur. Auf einem gebauchten, kreisrunden, von vier Lisenen gestützten steinernen Unterbau stehen die vier Hauptstützen der in acht gleiche Felder geteilten Brunnenlaube. Diese kunstvolle Laube, die bereits zu Beginn des 17. Jahrhunderts bestand, wurde 1613 anläßlich verschiedener Ausbesserungsarbeiten erstmals erwähnt. Auf einer der Lisenen hat sich der Baumeister und gelernte Steinmetz Hans Prasser mit versreichen Inschriften verewigt, als er 1626 vom Magistrat den Auftrag bekam, den brüchig gewordenen Steinsockel wieder in Ordnung zu bringen. Fälschlicherweise wird daher immer wieder behauptet, die ganze Brunnenanlage stamme von der Hand Prassers, der mit dem großen Baumeister Pietro Valnegro in naher persönlicher Verbindung stand. Der Kunstschmied aber, der die Laube schuf, bleibt anonym.

Im Jahre 1879 setzte es sich der Künstler Rudolf von Alt zum Ziel, das Kornmesserhaus und den Brunnen in einem großartigen Gemälde festzuhalten, das er 1880 verwirklichte. Um diese beiden markanten Objekte auf einem Bild zu vereinen, rückte Alt den Brunnen – nicht ganz der Realität entsprechend – näher an das Kornmesserhaus.

Dieser Künstler, der noch vom Stil der Renaissance geprägt war, bestückte den Reif der Laube sowie ihren obersten Abschluß mit Spindelblumen und setzte den Stegen Schmiedeeisenranken auf. Den obersten Schluß bildet eine kleine Blechschnittfigur des auf einem Lindwurm stehenden heiligen Georg.

Als der Grundwasserspiegel infolge des Sinkens der Mursohle absank, so daß der Brunnen trotz seiner 18 Meter Tiefe nicht mehr genügend Wasser gab, leitete man es durch drei Holzrohre aus dem Stadtwald zu. Ursprünglich mußte das Wasser in Eimern durch Aufzüge aus der Tiefe geholt werden, doch im Jahre 1691 ließ der Magistrat an ihrer Stelle zwei Pumpen anbringen. Jetzt gab die Stadtverwaltung auch das mit barocker Ornamentik verzierte Umfassungsgitter in Auftrag, das 1693 auf der Brüstung befestigt wurde.

Anläßlich einer Renovierung des Brunnens, die 1883 der Brucker Schlossermeister Roman Bliemetzrieder durchführte, erhielt der eiserne Platzbrunnen das große Schwungrad. Die nicht unbedeutenden Kosten der Arbeit trug der Brucker Bürger und Hausbesitzer Simon Kredl.

Ein Duplikat des Brucker Kunstwerks, angefertigt von der ehemaligen Bundesfachschule für Schlosserei in Bruck, befindet sich heute im Garten des Museums für Kunst und Industrie in Wien.

Hohe Schmiedeeisenkunst am eisernen Brunnen. Laube von 1626.

Das Kornmesserhaus

Das Haus an der Ostseite des Koloman-Wallisch-Platzes Nr. 22, an der Ecke zur Herzog-Ernst-Gasse, wird immer wieder als einer der bedeutendsten Profanbauten der Gotik in Österreich bezeichnet. Auftraggeber war der Hammerherr und Eisenhändler Pankraz Kornmeß, der die Gestaltung der Laube nach venezianischem Vorbild von einem einheimischen Meister, der wahrscheinlich früher schon einmal in Eisenerz tätig war, in den Jahren 1495 bis 1505 ausführen ließ.

Die Kornmeß lassen sich bereits im 14. Jahrhundert in der Stadt nachweisen, als der recht begüterte Goldschmied und Stadtrichter Hans Kornmeß im Jahre 1380 größere Grundkäufe in Bruck tätigte.

Sein Sohn Erhard wurde gleich seinem Vater zum Stadtrichter ernannt und stand besonders bei Herzog Ernst in hoher Gunst. Sein jüngerer Sohn, Peter Kornmeß, übertraf, was Ansehen und Wohlstand betraf, seinen Vater bei weitem. Er war ebenfalls Stadtrichter, Amtmann des Stiftes Admont, Pfandinhaber des Landgerichts, Hammerherr an der Laming und bei Kapfenberg, Besitzer mehrerer Häuser in Bruck und des Schlosses Hart bei Kindberg sowie Pächter der Burg Landskron. Peters einziger Sohn war Pankraz. Er war es, der dem Kaiser den für die damalige Zeit

Blick in die Arkadenloggia und zu den reich verzierten Brüstungsfeldern.

hohen Betrag von 3.000 Gulden vorstreckte und dafür das Schloß Landskron nebst dem Landgericht und drei Mauten als Pfand erhielt. Er hatte die höchsten Stufen des Ansehens und Wohlstands der Familie erreicht. Als Eisenerzeuger und Eisenhändler zugleich unterhielt er mit dem Ausland einen lebhaften Handel, besonders mit Venedig. Und hier fand er sicherlich auch die Vorbilder für sein Haus in Bruck.

Doch seine Prachtliebe verschlang enorme Summen, zusätzlich brach auch noch der Krieg Kaiser Maximilians mit Venedig aus, dessen Folge die Blockierung der Handelswege nach dem Süden war.

Damit begann ab 1509 der Verfall des Vermögens des Pankraz Kornmeß. Riesige Geschäftsverluste zwangen ihn zum Verkauf seiner Liegenschaften. Nach 1626 läßt sich diese alte Familie, die mehr als 140 Jahre in Bruck immer wieder genannt wurde, hier nicht mehr nachweisen.

Das Haus war von 1623 bis 1629 als Ausweiche für Ratssitzungen während des Umbaues des neu erstandenen Rathauses gedacht. Von 1628 bis etwa 1645 besaß es der Ratsbürger Andree Teyber, 1633 gehörte es wiederum der Stadt, die es dem kaiserlichen Rat Hannß Sigmund Ritter von Wels überließ, nachdem es 1683 einen Brandschaden von 3.041 Gulden erlitten hatte.

1792 brannte das Gebäude fast gänzlich ab, wurde aber vom damaligen Besitzer Joseph F. Pichlmayr bis 1808 in alter Pracht wieder aufgebaut. Lediglich der südliche Teil des Hauses, der vermutlich ebenfalls einen Laubengang mit Rundbogen besaß, konnte nicht mehr errichtet werden. Statt dessen wurde hier eine glatte Steinmauer aufgeführt. Spätere Besitzer dieses Hauses waren meist angesehene Hammerherrn und Ratsbürger, wie z. B. die Pichlmayr, Widtermann, Hirt u. a.

Detailansicht einer Fratze. Diese sollten das Böse vom Haus abschrecken und abhalten.

Die prunkvoll gestaltete – letztmalig 1981 restaurierte – Fassade wird von sechs breiten Erdgeschoßarkaden auf Rundpfeilern getragen, die von krabbenbesetzten Kielbogen bekrönt werden. In der Mitte über den drei südlichen Bogen befinden sich eine zierliche, auf venezianische Vorbilder zurückgehende Loggia mit doppelter Arkadenzahl sowie Brüstungsfelder mit durchbrochenen Ast- und Maßwerkverzierungen, die immer neue Muster bilden. Die profilierten Bogen werden von Achteckpfeilern getragen und von verschränkten Kielbogen zusammengefaßt. Im Gewölbe der Loggia sind Schlingrippen mit Maßwerknasen zu erkennen. Auch die linke Seite des Hauses war einst durch Blendmaßwerk reich geschmückt. Es wurde abgeschlagen und teilweise unter Verputz gelegt. Bei der Restaurierung von 1936/37 konnten die Kielbogen samt den drei nördlichen Erdgeschoßarkaden nach gefundenen Resten ergänzt und das Blendmaßwerk darüber aufgedeckt werden.

Die Wandnische an der Hausecke zur Herzog-Ernst-Gasse enthielt eine Marienstatue. Ein Kohlenwagen zertrümmerte um die Mitte des 19. Jahrhunderts die Ecksäule des Laubenganges. Dabei stürzte die Statue herab und zerbrach. Die geborstene Marmorsäule wurde durch eine viereckige Sandsteinsäule ersetzt, die Nische unter einem Baldachin blieb jedoch bis zum heutigen Tage leer.

Das Rathaus

Das jetzige Rathaus, ein altes Bürgerhaus, stand vermutlich zu Beginn des 16. Jahrhunderts im Besitz von Bürgermeister Michael Holzaphl. Im Jahre 1577 besaß es die Familie Stainheußl. Hier wurde auch 1578 der große innerösterreichische Landtag mit Erzherzog Karl II. abgehalten, da das Haus „die größte Stubm" in der Stadt besaß. Kurz darauf boten die beiden Besitzer Michael Dornsberger und Ludwig Schmelzer das „Stainheußl Haus am Platz" dem Magistrat zum Kauf an. Doch war die Stadt nicht gewillt, den Kaufvertrag zu unterzeichnen. So erwarb 1596 Erzherzog Ferdinand das Gebäude und richtete hier zum zeitweisen Aufenthalt seine fürstliche Burg ein.

Die Gemeindevertretung zeigte nun doch Interesse am ehemals verschmähten Haus und bat daher den Erzherzog, ihr die bisherige Burg am Hauptplatz als Rathaus zu überlassen, da das alte „pauföllig" sei. Für 800 Viertel Hafer (ein Viertel faßte damals 78 Liter und hatte einen Wert von einem Taler) kam das Gebäude im Jänner 1609 an die Stadt. Die Einrichtung der Kanzleien, der Wohnungen und Arreste konnte der Magistrat erst 1629 abschließen, und am 26. Oktober berief Bürgermeister Caspar Riedlmayr die erste Sitzung im neuen Rathaus ein, das bis heute noch demselben Zweck dient.

Der Hauptplatz mit dem Rathaus – deutlich erkennbar der Turm – auf dem Gemälde von Johann Georg Eisenschmied (1781).

Das prächtige Gebäude mit seiner Renaissancefassade und einem Turm sowie einem Brunnen in der Mitte des großen Arkadenhofes war 1789 in einem derart schlechten Zustand, daß die Möglichkeit des Einsturzes bestand. Die Verhandlungen über einen Neubau zogen sich so lange hin, bis der Stadtbrand von 1792 diese überflüssig machte. Der Schaden betrug 15.000 Gulden. In den Jahren 1795 bis 1798 wurde das Haus neu errichtet – doch nicht mehr nach den alten Plänen.

Die Laube gegen den Hauptplatz trug man ab, die neue Fassade gestalteten die Baumeister J. Rothmayr aus Kindberg und J. Hueber aus

Bruck klassizistisch um. Der westseitige Trakt wurde gänzlich niedergerissen, mit ihm der Turmerker und der Osttrakt. Den neuen Westtrakt rückte man um seine ganze Breite in den Hof hinein. Er erhielt statt des früher offenen, dreigeschossigen Säulenarkadenhofs einen belichteten Gang. Der um 1530 erbaute Nordflügel des Laubenhofes mit dreigeschossigen Säulenarkaden blieb erhalten. 1924 wurde der Mittelteil des Ganges im ersten Stockwerk in den Ratssaal einbezogen und erhielt einen im Jahre 1934 aber wieder entfernten hofseitigen Balkon. Im Dreiecksgiebel wurde die meist falsch oder gar nicht gehende Uhr abgenommen und an ihrer Stelle das Stadtwappen angebracht, das in der Folge jedoch wiederum einer Uhr weichen mußte.

In den letzten Jahren konnte die Stadtverwaltung das angrenzende ehemalige Hotel erwerben und läßt derzeit an dieser Stelle einen modernen Erweiterungsbau aufführen.

Projektzeichnung des neuen Rathausanbaues.

Das Fabriziushaus

Eines der ältesten Gebäude am Hauptplatz (1. H. 16. Jhd.) und eines der wenigen Patrizierhäuser, die einen Teil ihrer einstigen schönen Bauweise bis heute erhalten konnten, ist das Haus mit der Nummer 23 am Koloman-Wallisch-Platz.

Die dem Hauptplatz zugewandte Fassade mit rundbogigen, gekehlten Arkaden wird von ebenfalls runden Pfeilern getragen. Im bestens erhaltenen zweigeschossigen Arkadenhof liegen die Bogen auf spätgotischen Säulen auf.

Den Namen erhielt das in der ersten Hälfte des 16. Jahrhunderts erbaute Haus von der Familie Fabrizius, die es im 17. Jahrhundert besessen hatte. Seit dem Jahre 1788, als es der Lebzelter Joseph Preidler erstand, bis in unsere Zeit, diente dieses Haus dem Lebzeltergewerbe, zuletzt der Familie Nasko.

Das Apothekerhaus

Ein weiteres Bauwerk, das an die Glanzzeit des Brucker Bürgertums erinnert, ist das seit 1715 ständig als Apotheke verwendete Haus am Hauptplatz mit der Nummer 2.

Dieses Gebäude aus der ersten Hälfte des 16. Jahrhunderts diente ursprünglich als Rathaus. Als aber die Stadtgeschäfte Anfang des 17. Jahrhunderts an Umfang zunahmen und sich außerdem das Haus in einem sehr desolaten Zustand befand, gelang es dem Magistrat 1609, die anstoßende erzherzogliche Burg käuflich zu erwerben, in der ab 1629 bis heute die Ratssitzungen abgehalten werden. Das alte Haus mit seinem zweigeschossigen Arkadengang aus dem 16. Jahrhundert (1520/30) erstand der aus Hartberg eingewanderte Handelsherr Hannß Sigmund Ritter von Wels. 1715 kaufte es der Stadtapotheker Simon Jakob Häntsch und richtete hier seine Apotheke ein.

Das Gendarmerie-Amtsgebäude

Am 4. Jänner 1561 erhielt der kaiserliche Rat Andrae Pögl Freiherr von Reifenstein und Arberg von Kaiser Ferdinand I. das Gebäude in der heutigen Herzog-Ernst-Gasse 9 als Geschenk. Er ließ in der Folge vier benachbarte Bürgerhäuser abtragen und errichtete hier sein stattliches Freihaus, das 1575 samt dem Pöglhof als Erbe an die Stubenberger überging und im Jahre 1603 vom steirischen Vizedom Peter Kugelmann Freiherr von Edenfels erworben wurde.

Als Erzherzog Ferdinand 1607 vom Brucker Magistrat gebeten wurde, ihm den fürstlichen Sitz am Platz zu verkaufen, erstand stellvertretend für Ferdinand sein Bruder Erzherzog Maximilian Ernst am 15. Juli desselben Jahres dieses Haus und ließ es zu seinem Aufenthaltspalais umgestalten. Von 1607/09 bis 1752 diente das Gebäude – bis 1638 von Kugelmann als Pfleger bewohnt – als landesfürstliche oder kaiserliche Burg, von 1752 bis 1925 als Militärunterkunft und führte seither die Bezeichnung „Burg-Kaserne". Seit 1925 die Garnison in Bruck aufgelassen wurde, dient dieser zweigeschossige Bau als Amtsgebäude der Gendarmerie.

Von dem ehemaligen Prunk des einstigen landesfürstlichen Gebäudes mit seinem baulichen Kern aus dem 16. Jahrhundert ist infolge der vielen Brände und mehrmaliger Umbauten nicht mehr viel zu erkennen. Die schlichte Fassade aus dem 19. Jahrhundert wird im Erdgeschoß durch zwei Rundbogenportale durchbrochen. Im Hof sind noch korbbogige Erdgeschoßarkaden auf Pfeilern aus dem 18. Jahrhundert zu erkennen.

Das Flößmeisterhaus

Das zweigeschossige Haus Herzog-Ernst-Gasse 5 befand sich fast sechs Jahrhunderte hindurch im Besitz von Brucker Flößmeistern. Daher trat ab 1783 immer wieder die Bezeichnung „Flößmeisterhaus" für dieses Gebäude aus dem zweiten Viertel des 16. Jahrhunderts auf.

Von der ursprünglichen Fassade ist im ersten Stock ein doppeltes Rundbogenfenster aus der Renaissance mit kannelierten Säulen und reich ornamentierter Rechteckumrahmung zu sehen. Offenbar gehörte das Fenster zu einer Sala, ein durch die ganze Tiefe des Hauses reichendes Vorzimmer ober der Einfahrt.

Im Hof befinden sich noch gut erhaltene Arkaden. Sie stützen sich im Erdgeschoß auf Pfeiler mit oktogonalem Querschnitt und spätgotischen Würfelkapitälen, während im später hinzugekommenen Obergeschoß die Bogen auf gedrungenen Säulen ruhen.

Die Stadtmauer und ihre Wehrtürme

Ausgangspunkt der Stadtanlage und der Mauer war der Schloßberg, auf dem sich bereits 1264 eine kleine Burg befand. Von dort verlief die Ringmauer von zwei Türmen verstärkt – der eine ist der umgebaute, weiterhin sichtbare Uhrturm, vom anderen sind nur noch Reste der Grundmauern zu sehen – in Richtung Mürz. Die von Wien kommende Straße wurde hier durch das 1544 genannte und 1846 abgetragene Wie-

Das Schifftor mit dem Schiffturm. Bleistiftzeichnung des damaligen Landeskonservators Karl Haas (1855).

nertor gesperrt und dort wurde die Straßenmaut eingehoben. Das Wienertor dürfte ein ziemlich großes Gebäude gewesen sein, denn es enthielt neben den Amtsräumen für die Mautner auch Werkstätte und Wohnung eines Schmiedes (vgl. die Abb. auf S. 128). Nun zog sich die Mauer bis zu einem Turm beim neuen Parkhaus an der Mur- Mürzmündung und von da zum mächtigen 1839 abgetragenen Grazertor, vor dem eine Brücke über die Mur führte. Längs der Schiffländе, dem einstigen Landeplatz der Murschiffe und Flöße, führte ein Doppelmauerzug gegen Westen. Der dazwischenliegende langgestreckte Zwinger diente den Seilern als Werkstätte. Die äußere Mauer, die den murseitigen Gärten als Stütze dient, ist jünger als die innere. Diese wiederum wurde von den südseitigen Häusern der Schiff- und Roseggergasse großteils als Hausmauer verwendet. Das murseitige Mauerstück wurde einst von drei Öffnungen durchbrochen: dem „Lederertörl" am Ende der schmalen Ledergasse, dem durch die Ringelschmiedgasse erreichbaren, 1616 genannten „Badetor" (heute vermauert) und dem 1888 abgetragenen „Schifftor" am unteren Ende der Schiffgasse. Dieses befand sich dort, wo heute noch der neu renovierte, dreigeschossige Turm mit Schießscharten steht.

Einer der vielen Zugänge zur Schiffländе, das „Badetor" (heute vermauert).

Vom Schifftor bog die Mauer, der ab nun im Westen bis zum Schloßberg der Stadtgraben vorgelagert war, im rechten Winkel nach Norden ab und zog sich parallel zur Nagelschmiedgasse weiter zum Wehrturm in der Fridrichsallee, die, wie der Stephaniepark, aus dem zugeschütteten Stadtgraben entstanden war. Beim heutigen Volksschulgebäude in der Theodor-Körner-Straße stand das Leobnertor mit einem äußeren und inneren Torteil, die durch eine Brücke über den dazwischenliegenden Stadtgraben miteinander verbunden waren. 1792 brannte das ganze Tor ab, und an seiner Stelle wurde nur mehr ein einfacher Torbogen errichtet, der 1876 anläßlich des Baues der Volksschule wieder abgetragen wurde. Vom runden Turm in der Fridrichsallee führte die Stadtmauer zum Turm im Stadtpark und wird hier heute noch bei der Parkgasse durch ein Tor durchbrochen. Über den alten Wehrturm am Heberplatz zog sich schließlich die alte Stadtmauer den steilen Schloßberghang hinauf, wieder bis zur Burgmauer zurück.

Die Ruine Landskron

Schon Mitte des 13. Jahrhunderts muß sich auf dem Schloßberg eine Wehranlage, das „castrum de Brukke" befunden haben, dessen Existenz in der Papsturkunde vom 4. April 1264 bezeugt wird. Die Anlage war einst eppensteinischer Dynastenbesitz und wurde an dieser strategisch und verkehrsgünstigen Lage für Sicherungs- und Sperraufgaben verwendet. Anläßlich der Neuanlage von Bruck entsprangen hier die Stadtmauern.

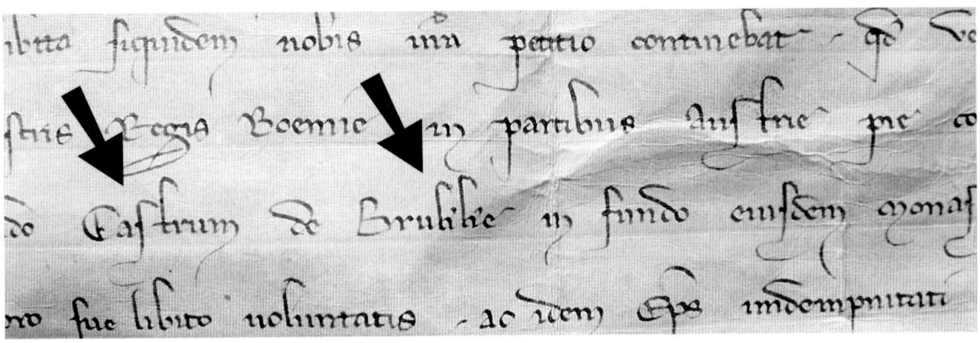

Erste urkundliche Nennung des Schloßberges als „castrum de Brukke" am 4. April 1264 in einer Urkunde von Papst Urban IV.

Kurz nach der Neuanlage der Stadt wird 1268 als erster Burggraf Hermann von Krottendorf genannt. Das Schloß erscheint erstmals 1461 unter dem Namen Landskron. Die Burg, ein landesfürstliches Lehen des Stiftes St. Lambrecht, wurde durch zwei Kastellane, Burggrafen und Pfleger verwaltet. Diese waren meist Kleinadelige der Umgebung, wie etwa die Krottendorfer, Timmersdorfer, Preitenfurter oder Gaaler. Gelegentlich wurde dieser Besitz gegen eine finanzielle Abgeltung als Pfand an Adelige und Bürger vergeben.

So waren 1345 der Brucker Bürger Hans Klemm d. J., 1353 Ulrich der Wasner, bis 1478 Lorenz Vogel, dann der Stadtmagistrat, 1506 bis 1510 Pankranz Kornmeß und anschließend wiederum die Stadt Pfandinhaber. Nur während des Ungarnkrieges wurde ein kaiserlicher Pfleger eingesetzt, der sechs Berittene und zwölf Fußsoldaten unter Waffen hielt. Am 20. November 1626 konnte die Stadt Bruck den Schloßberg von Kaiser Ferdinand II. käuflich erwerben. Sie mußte ihren Besitz jedoch am 30. April 1771 wegen Geldschwierigkeiten dem Hammerherrn Franz Xaver Fraydt von Fraydenegg-Monzello auf Nechelheim verkaufen.

Erst im Jahre 1889 konnte die Stadt Landskron – leider aber nur mehr als Ruine – wieder erwerben. 1792 erreichte der große Stadtbrand auch die Gebäude des Schloßberges, und Landskron, das noch 1712 als mächtiges und hohes Schloß bezeichnet wurde, fiel gänzlich den Flammen zum Opfer. Die Steine der Ruine verwendeten die Bürger zum Wiederaufbau der Stadt. 1809 ließ der k. k. Generalfeldzeugmeister Graf Gyulay den Schloßberg gegen die von Leoben heranrückenden Franzosen befestigen. Wälle wurden aufgeworfen, Schützengräben ausgehoben sowie ein unterirdisches Pulvermagazin angelegt. Doch im Mai desselben Jahres zogen die feindlichen Franzosen ohne Kampf in die Stadt ein. Bei ihrem Abzug nahmen sie die elf Kanonen, die mit landesfürstlicher Erlaubnis hier aufgestellt waren, mit. 1815 ließ Kaiser Franz auf Bitte der Stadtverwaltung sechs erbeutete französische Kanonen samt Lafetten nach Bruck überstellen. Sie stehen noch heute in der „Stuckhütte". Diese befindet sich zwischen der innersten Burgmauer und dem Uhrturm.

Die mächtige Burganlage, die stolz die Stadt bewachte, fiel keinem Feind, wohl aber den vielen Bränden zum Opfer.

Von der einstmals großzügigen Burganlage ist heute nicht mehr viel erhalten. Die Mauern, die einem Gedenkstein zufolge 1642 verstärkt worden waren und ursprünglich das ganze Plateau umschlossen, ließ man großteils abtragen. Die Reste des Hauptgebäudes auf der Südseite wurden ab 1907 als Restauration verwendet, anschließend als Wohnhaus, bis letztlich auch dieser Bau von einem Brand vernichtet wurde.

Auf der gegenüberliegenden Bastei stand seit 1911 die Schießstätte der Brucker Schützengesellschaft, die während des Zweiten Weltkrieges zerfiel und abgetragen werden mußte. Zum Schutz der Bürgerschaft gegen die Luftangriffe der Alliierten mußten in der Schlußphase des letzten großen Krieges mehrere Schutzstollen in den Berg getrieben werden.

Heute ist der Brucker Schloßberg ein beliebtes Ausflugsziel, das leicht und ohne Mühen zu erreichen ist und eine prachtvolle Aussicht auf die Stadt und ihre Umgebung bietet.

ZUR SITUATION DER ZEITGENÖSSISCHEN KUNST IN BRUCK

Seit vielen Jahrhunderten hat unsere Stadt Bruck an der Mur nicht nur als wichtiger Handels- und Wirtschaftsplatz große Bedeutung erlangt, sondern auch in Kunst und Kultur, wie viele Beispiele in diesem vorliegenden Buch belegen.

Neben zahlreichen Kleinodien, die bis in die Zeit der Romanik zurückreichen, ist das Brucker Kornmesserhaus wohl das schönste und beeindruckendste Beispiel spätgotischer Profanarchitektur und des Steinmetzkunsthandwerkes. War es vorwiegend die Architektur, die in den weiteren Jahrhunderten bis zum heutigen Tage beeindruckte, vom Fabriziushaus bis zum oft zitierten Beispiel einer Arbeiterarchitektur der 20er Jahre, die sich im Gebäude des neuen Kulturhauses der Stadt widerspiegelt, oder aber auch der neue, hochmoderne Rathauszubau am Hauptplatz, so sind es nun im zunehmenden Maße auch die anderen Sparten der bildenden und darstellenden Kunst, die immer öfter den Namen Bruck an der Mur durch künstlerische Aktivitäten weit über die Grenzen Österreichs tragen.

Immer größer werdendes öffentliches wie auch privates Interesse an Kunst und Kultur, aber auch der Mut zur künstlerischen Betätigung und Selbstdarstellung mag die Triebfeder dazu sein, daß Bruck eine Vielzahl verschiedenartig künstlerisch Tätiger beheimatet, die oftmals bereits internationalen Bekanntheitsgrad besitzen und ihre Werke von Mittelamerika bis Südostasien erfolgreich präsentieren konnten.

Seit vier Jahrzehnten (1997 40jähriges Jubiläum) traditionsreich und anerkannt sind das Brucker Joseph-Haydn-Orchester und der Singkreis der Stadt, seit vielen Jahren geleitet von der Direktorin der städtischen Musikschule, Frau Prof. Liselotte Zechner, der für ihre aufopfernde und qualitätvolle Bildungsarbeit, aber auch für ihr unermüdliches Engagement als hochgeschätzte Orchesterleiterin sowie Dirigentin der im Jahre 1996 erstmals ausgeschriebene Brucker Kunstpreis in der Sparte „Klassische Musik" verliehen wurde (siehe Abb.). Klassische Musik ohne die Verknüpfung mit ihrem Namen ist für die Stadt Bruck undenkbar.

Nicht vergessen sollte man die musikalischen Aktivitäten der jungen Bürger, ob es sich nun um Klassik oder Pop-, Rock- und Heavy Musik handelt, aber auch deren Engagement als Musicalinterpreten. Einen großartigen und überregionalen Erfolg konnten die jungen Brucker Künstler mit dem Musical „Elisabeth" im Jahre 1996 verbuchen.

Aber auch der Bereich der Brucker Literatur erlebte vor etwas mehr als zehn Jahren einen neuen Höhepunkt, als nämlich unter dem Vorsitz des Brucker Literaten Rupert Kerschenbauer der Brucker Literaturkreis gegründet wurde und seither jährlich mit dem „Brucker Literaturturm" eine Band aktuellster Literatur und bildender Kunst herausgegeben wird, wofür ebenfalls Rupert Kerschenbauer verantwortlich zeichnet. Außerdem finden seit der Zeit der Gründung des Literaturkreises alljährlich und permanent Lesungen von Mitgliedern und deren Gästen statt, was eine wichtige Bereicherung des Kulturlebens der Stadt darstellt.

Lesung am 9. Mai 1996 in der Café-Konditorei Rupert Mandl: Hofbauer, Kerschenbauer, R. Mandl, Preiner, H. Mandl, Eisentopf, Riedlsperger, Zsizsik (v.l.n.r.).

Einen besonderen Aufschwung in den letzten Jahren aber erlebte die bildende Kunst in allen Bereichen. Natürlich legten hier oftmals die malenden Lehrer Prof. Karl Jirak, Prof. Heinrich Prohaska und Prof. Ludwig Stegmüller bei manchen Schülern den Grundstein zum besseren Verständnis der Kunst. Aber auch der „Hauskünstler" Fritz Putz galt als typisches Brucker „Maleroriginal". Die Generation danach bildet wiederum eine Künstlerschaft, die bereits ihrerseits kreativ Schaffende und die Jugend zur Kunst und Kultur animiert und weiterbildet.

Eben jener zeitgenössischen bildenden Kunst seien die nächsten Seiten gewidmet, wobei für jede Sparte ein repräsentativer Künstler ausgewählt wurde, der in seiner Richtung durch seine künstlerische Arbeit weit über die Grenzen bekannt ist. Präsentiert werden Malerei, Graphik, Relief-, Objekt- und Textilkunst, Plastik und Fotografie.

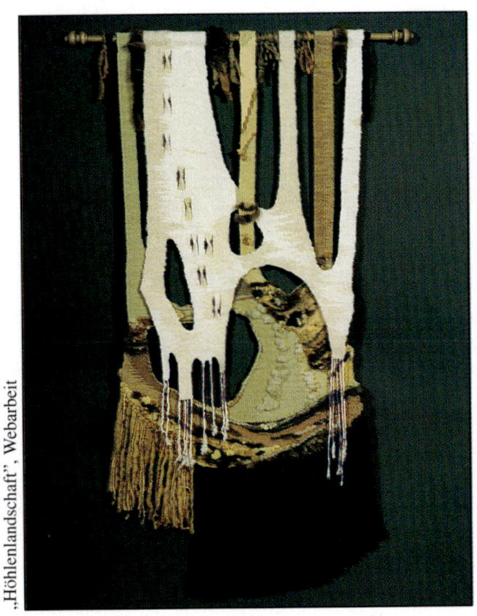

„Höhlenlandschaft", Webarbeit

Hannelore Fasser, geb. in Wien, seit 1944 wohnhaft in Bruck.
Bundesgewerbeschule für Angewandte Kunst in Graz, Abt. Textil. 1963 Meisterprüfung. 1982 bis 1984 Malkurse bei Prof. A. Osterider, Prof. E. Walcher; 1984 bis 1995 Websymposien in Graz unter Leitung von Renate Maak. Kennenlernen und studieren der verschiedensten Arbeiten von ca. 90 Textikünstlern aus aller Welt.
1987, 1991 bis 1992, 1994 Töpferseminar bei Mag. Dragutin Santek (Aufbaukeramik); Elli Grasmuck (Raku-Technik). 1988, 1990, 1993 Kurse für Druckgraphik, Dipl. Graphiker Christoph Donin, Emil Morawitzky, Florian Yankowitsch. – Mal- und Studienfahrten nach Italien, Frankreich, Deutschland, Kroatien, Türkei, Marokko, Spanien, Jordanien.
In der Erwachsenenbildung Leiterin von Mal-, Töpfer- und Webkursen.

Ausstellungen seit 1985: Teilnahme an zwölf Einzel- bzw. 15 Gruppenausstellungen in Bruck an der Mur, Kapfenberg, Leoben, Mariazell, Graz, Wien, Deutschland.

Bernd Hasler, geb. 1943 in St. Johann im Pongau.

1958 bis 1963 Ausbildung zum Volksschullehrer in St. Pölten; 1967 bis 1970 Fortbildung zum Hauptschullehrer in Graz (Deutsch, Bildnerische Erziehung, Werkerziehung); ab 1979 Kunst- und Werkerzieher an der Priv. Bildungsanstalt für Kindergartenpädagogik der Kreuzschwestern in Bruck.; von 1973 bis 1983 neben autodidaktischer Fortbildung Teilnahme an Malerwochen in Schladming, Geras, Goldegg; 1984 bis 1988 Teilnahme an der Sommerakademie Geras bei Karl Korab, Jürgen Messensee, Friedrich Phlal, Bernhard Hollemann, Leo Beker.

„Ohne Titel", Wachs/Plexiglas

Zahlreiche Ausstellungen im In- und Ausland: (z.B.)

1987 Galerie Schloß Porcia, (Spital/Drau); Operncafé (Graz)
1987 Nordfriesisches Museum (Husum - Kiel - Hambg/Norderst.)
1988 Volksbankgalerie Reutlingen
1990 Galerie Kul (Bruck/M); Galerie Nemetz (Judenburg)
1993 Kulturzentrum Kapfenberg; Kunsthaus-Galerie (Mürzz.)
1994 Centro civico, (Gorzia, I.); Galerie Giga (Haid/Ansfelden)
1995 Galerija Napotnik, (Velenje, Slow.); Nibelungengal. (Linz)

„Good bye Gizeh", Öl/Leinwand

Frank Peter Hofbauer **(Mag. art.),** geb. 1950 in Wien, lebt seit 1976 in Bruck. Nach der Matura Studium der Malerei und Graphik an der Hochschule für angewandte Kunst, Wien, anschließend Absolvierung des Zweitstudiums der Kunstpädagogik. Unterrichtet seit 1982 Kunsterziehung am BG und BRG Leoben I. Leiter des Schladminger Sommerseminars für Ölmalerei; seit 1985 Vizepräsident des „Steiermärkischen Kunstvereins Werkbund". Seit 1995 Kulurreferent der Stadtgemeinde Bruck/Mur.

Seit 1971 permanente **Ausstellungen** (über 200mal) im In- u. Ausland: Frechen/Köln (BRD); San José (Costa Rica); Darmstadt (BRD), Victoria City (Hongkong); Rijeka (Kroatien); Kiel, Husum, Norderstedt (BRD); Reutlingen (BRD); Hagen-Hohenlimburg (BRD); Marburg (Slow.); Urbino (I); Rom. Zahlreiche private und öffentliche Aufträge und Ankäufe. 1990 Verleihung des Kapfenberger Stadtsiegels für außerordentliche Verdienste in der Kulturarbeit. 1995 Verleihung des Brucker Dukatens in Gold für Kunst- u. Kulturförderung. 1996 Verleihung des Schladminger Talers für langjährige künstlerische Arbeit.

Karl Pierer, geb. 1932 in St. Erhard, Breitenau. 1946 Übersiedlung nach Bruck. Elektrikerlehre bei der Fa. Felten & Guilleaume. Berufstätig bis 1987.

Als Amateur seit über 40 Jahren Mitglied der Brucker Naturfreunde-Fotogruppe und mit Unterbrechung deren Leiter bis 1994. Von 1980 bis 1987 Landesfotoreferent der Naturfreunde. Installierung einer Foto-Landesbibliothek mit Werken kompetenter Fotografen und Autoren in Bruck an der Mur.

„Archaische Landschaft", Fotografie

Ausstellungen, Preise (Auswahl):

Fünfmaliger Gewinner des Landesförderungspreises der Steiermärkischen Landesregierung, verbunden mit Ausstellungen in der Neuen Galerie (Graz); Koper (Kroatien); Laibach (Slowenien); Pecz (Ungarn).

Sonderpreis für besondere Erfolge (im Rahmen des Förderungspreises), verbunden mit einem Stipendium an einem internationalen Workshop in Arles (Südfrankreich). – Teilnahme an einer Rahmenveranstaltung (zehn steirische Autoren) „150 Jahre Peter Rosegger". Galerie Weberhaus (Elin Sommerseminar); Volkshaus Weiz, Gruppenausstellung, Galerie Stadt Bruck.

„Kinetisches Holzobjekt"

Hannes Pirker, geb. in Knittelfeld. 1945 bis 1950 LBA Graz. 1946 bis 1958 Konservatorium (Hochschule für Musik). Meisterklasse für Flöte; Konzerte im In- u. Ausland, teils als Solist. 1961 Mitarbeiter beim Stahlsymposion (mit K. Prantl) Kapfenberg. 1962 bis 1982 Mitarbeit an der Entwicklung der Technik des Schaumstoffgußverfahrens für hochlegierte Stähle der Gußtechniker an der Stahlgießerei Böhler/Kapfenberg. Ausgebildet als Schweißer, Stahlschneider, Former und Gußputzer. 1975 Gründung der Galerie KUL; 1987 Landeskulturpreis des Landes Stmk für vorbildliche kulturelle Leistungen; seit 1991 Präsident der Berufsvereinigung bildender Künstler Österreichs – Landesverband Stmk. Zahlreiche **Ausstellungen** im öffentlichen Raum, u. a.: Brunnenanlagen, kinetische Windplastik aus rostfreiem Stahl (Kapfenberg); Wandgestaltung LFH Kindberg; kinetisches Objekt vom Sonnenstand, der Tages- u. Jahreszeiten verändert; kinetisches Objekt (Schulzentrum Mureck); kinetische Stahlplastik für LKH Leoben. Ankäufe durch das BMU (Stahlarbeiten) u. der Artothek Oldenburg (Stahlgüsse). 1. Kinetisches Objekt für die Kraftwerkskette der Fa. Vogel & Not.

„Schloß Waldenstein", Aquarell

Ludwig Arnulf Stegmüller,
geb. am 19. 3. 1913 in Kapfenberg

1918 bis 1924	Volksschule in Kapfenberg.
1924 bis 1931	Realschule in Bruck an der Mur. Anschließend 1931 Matura.
1931 bis 1935	Studium an der Akademie der bildenden Künste in Wien bei dem Tiermaler Prof. Carl Fahringer.
1935	Lehramtsprüfung.
	Bis 1938 freischaffend und im elterlichen Betrieb (Baugeschäft) tätig.
1938 bis 1942	Lehrer an der Lehrerbildungsanstalt Graz.
1942 bis 1945	Wehrdienst.
1949 bis 1977	Lehrer in Graz und Bruck; seither Pensionist.

Verschiedene Ausstellungen, drei Personalen, Ankäufe durch die Albertina.

„Glanzpunkte", Treibarbeit Messing

Gerhard Zirbisegger, geb. 1947 in Bruck.
Absolvierte die Bundesfachschule für Kunst-, Bau- u. Maschinenschlosserei und war außerordentlicher Hörer an der Montanistischen Hochschule Leoben (Werkstoffprüfung und Metallkunde).
Seit 1981 Mitglied beim „Steiermärkischen Kunstverein Werkbund" und ab 1985 dessen Vorstandsmitglied. Gründete und leitete gemeinsam mit Mag. F. P. Hofbauer zwei Galerien (Galerie „Pub Club" in Bruck u. Galerie-Café am Lindenplatz in Kapfenberg), in denen über 70 Ausstellungen gezeigt wurden.
Initiator der ersten Ausstellung für Sehbehinderte in Österreich.
1995 Eröffung der eigenen „Galerie Z" in Bruck; Verleihung des Brucker Dukatens in Gold. Sudienreisen nach China, Hongkong, Malaysia, Uruguay, USA, Nord- u. Südeuropa.
Zeigt ab 1973 in rund 80 **Ausstellungen** im In- u. Ausland seine Metallarbeiten, u. a. in Reutlingen (BRD); Darmstadt (BRD); Rijeka (Kroatien); Hagen-Hohenlimburg (BRD); Marburg (Slow.) Frechen (BRD); Urbino u. Rom (Italien); Brüssel (Belgien).
Zahlreiche öffentliche Ankaufe und Aufträge.

Die Bürgermeister der Stadt Bruck[*)]

1500 Michael HOLZAPHL
1501 Mert RASPACHER
1502 Jakob PRAMER
1505 bis 1506 Michael HOLZAPHL
1517 Wolfgang KREUTZER
1530 Lienhart NEUHOFER
1539 Leonhard NEUHOFER
1541 bis 1542 Christoph LAMPL
1543 bis 1544 Peter HOLZER
1545 Gotthardt MUERER
1547 Christoph LAMPL
1553 Sebastian PAUCHINGER
1555 bis 1556 Valtein MUERER
1557 Stephan WIDMER
1568 Andree GALLPERGER
1577 Johann Baptist PICKL
1585 Wolf DAUCHER
1590 Ulrich TRÜGKHL
1591 bis 1592 Balthasar FRÖHLICH
1593 bis 1596 (?) Ulrich TRÜGKHL
1597 bis 1599 (?) Karl EGGENFELDER
1600 bis 1601 Christoph WIESER
1602 bis 1603 (?) Martin HIETWOL
1604 bis 1605 (?) Georg PREISINGER
1606 bis 1607 (?)Martin HIETWOL
1608 (?) bis 1609 Philipp ZELLER
1610 bis 1611 (?) Martin HIETWOL
1612 bis 1613 Zacharias NÜRNBERGER
1614 bis 1616 Leonhard GRILL
1617 bis 1618 Marx MAGERL
1619 bis 1621 Caspar RIEDLMAYR
1622 bis 1623 Leonhard GRILL
1628 Hanns WURZER
1629 Caspar RIEDLMAYR
1630 bis 1631 Andree GRÜENWALD
1632 bis 1641 Christoph HIETWOL
1642 Pangraz EGLAUER
1649 (?) bis 1657 (?) Simon WELS
1658 Zacharias AICHMAYR
1671 (?) bis 1673 Georg OBERMÜSSER
1674 bis 1677 Johann Sigmund v. WELSS
1678 bis 1679 Georg PRIMBSCH
1680 bis 1681 (?) Johann Sigmund v. WELSS
1682 bis 1683 (?) Georg PRIMBSCH
1689 (?) bis 1709 Johann Georg RIEDLMAYR d. Ä.
1710 bis 1711 Joseph Matthias WARTEGGER
1712 bis 1715 Johann Georg RIEDLMAYR d. J.
1716 bis 1719 Johann GARLUSSNIGG
1720 bis 1722 Johann Georg RIEDLMAYR d. J.
1723 bis 1726 (?) Johann Jakob FÜRST
1727 (?) bis 1730 Franz Xaver HAACKH
1731 bis 1733 (?) Christoph Wolf REITTER
1734 (?) bis 1736 (?) Joseph A. v. FÜLLENBAUM
1737 (?) bis 1750 (?) SCHWARZENBACHER.v. PILLNSTEIN
1754 bis 1755 Jakob Johann HAACKH
1760 Johann MUHRER
1761 bis 1763 (?) Joseph Balduin STEINPICHL
1766 bis 1768 Tobias Lorenz ZILLINGER
1768 bis 1771 Joseph Anton NEUWIRTH
1772 bis 1774 Franz Xaver HÖPFLINGER
1775 bis 1781 Johann Georg LECHLEITNER
1782 bis 1786 Johann Michael HAAGNER
1787 bis 1796 Franz Joseph ETZER
1796 bis 1798 (V.) Joseph Franz PICHLMAYR d. Ä.
1798 bis 1802 (VII.) Karl KIENER
1802 bis 1805 (VI.) Vinzenz HUBER
1805 bis 1806 (III.) Johann Edler v. SCHOUPPE
als Bürgermeisteramtsverwalter
1806 bis 1812 (IV) Leopold Joseph KRALL (vorerst prov.)
1812 (V.) bis 1812 (XI.) Joseph Romuald WUDLICH
als Bürgermeisteramtsverwalter
1812 (XI.) bis 1816 (?) Joseph Romuald WUDLICH
1816 (VI.) bis 1822 (III.) Matthias GRAF zunächst
als Bürgermeisteramtsverwalter
1822 (III.) bis 1822 (VII.) Johann DEXLER
als Bürgermeisteramtsverwalter
1822 (VII.) bis 1830 (I.) Franz FRILL
1830 (I.) bis 1842 Alois Kajetan REMPFEL
1843 bis 1848 Johann Michael RAPPERSDORFER
1848 (?) bis 1860 Johann REICHMANN
1861 bis 1864 (?) Joseph GRUBER
1865 (?) bis 1870 (X.) Wilhelm WANNISCH
1870 (X.) bis 1873 Alois NORD
1874 bis 1877 (III.) Wilhelm WANNISCH
1877 (IV.) bis 1880 (VII.) Alexander WANNISCH
1880 (VII.) bis 1885 Vinzenz TILL
1886 bis 1894 (V.) Guido FINK
1894 (VI.) bis 1896 (VII.) Viktor KRAVANI
1896 (IX.) bis 1898 (IV.) Reppin GEORG
1898 (V.) bis 1919 (V.) Josef KNOTTINGER
1919 (VIII.) bis 1925 (I.) Anton PICHLER
1925 (II.) bis 1934 (II.) Franz GRUBER
1934 (II.) bis 1936 (VIII.) Peter PACHLER
1936 (IX.) bis 1938 (III.) Hans MALISSA
1938 (13. III.) bis 1938 (30. III.) Karl HUBATSCHEK
1938 (IV) bis 1939 (X.) Egon SCHILCHER
1939 (XI.) bis 1940 (I.) Hans SCHÖN
1940 (II.) bis 1943 (IV.) Michael KLAISCHER
1943 (IV.) bis 1945 (V.) Karl HÜTTER
1945 (V.) bis 1945 (VI.) Franz GRUBER
1945 (VI.) bis 1965 (I.) August HAHN
1965 (I.) bis 1977 (V.) Erwin LINHART
1977 (V.) bis 1989 (VI.) Rudolf BURGSTALLER
1989 (VI.) bis 1994 (XII.) Gottfried GRANDL
seit 15. 12. 1994 Bernd ROSENBERGER

[*)] Die Liste der Bürgermeister wurde einer Arbeit von Landesoberarchivrat Hofrat Dr. Franz Pichler entnommen.